LE 1507 MOUVEMENT SOCIALISTE

EN EUROPE

LE
MOUVEMENT SOCIALISTE
EN EUROPE

LES HOMMES ET LES IDÉES

PAR

T. DE WYZEWA

PARIS

LIBRAIRIE ACADÉMIQUE DIDIER

PERRIN ET Cⁱᵉ, LIBRAIRES-ÉDITEURS

35, QUAI DES GRANDS-AUGUSTINS, 35

—

1892

Je dédie ce volume à mon maître et ami

OBERT DE BONNIÈRES.

T. W.

25 Octobre 1891.

AVANT-PROPOS

LA SITUATION PRÉSENTE

I

« La misère est une condition inévitable dans le plan général de la Providence : la société actuelle, reposant sur les bases les plus justes, ne saurait être améliorée. »

Cette consolante opinion, énoncée par M. Thiers en 1850, dans un *Rapport sur l'Assistance publique*, a beaucoup perdu de son autorité. Il n'y a pas jusqu'aux professeurs d'économie politique qui n'hésitent désormais à la soutenir. Ceux d'entre eux qui ne sont pas devenus franchement socialistes, et qui restent fidèles aux traditions des Ricardo et des Mac Culloch, ceux-là même n'osent plus affirmer avec leur assurance de naguère l'origine naturelle de la propriété, la nécessité de la misère, l'infaillible excellence du laissez-faire et du laissez-passer.

Ainsi craquent de toutes parts les vieilles assises philosophiques de notre société. On commence à se sentir mal à l'aise dans la doctrine classique de J.-B. Say, qui déclarait que « la société ne doit à ses membres aucun secours, aucun moyen d'existence ». De jour en jour l'intérêt des questions politiques décroît, tandis que se multiplient les projets de réformes sociales. On ne veut plus s'occuper que de protection douanière, d'assurances pour les ouvriers, de limitation des heures de travail, de syndicats professionnels.

Du haut en bas de ce qu'on appelait jusqu'ici les classes dirigeantes, il souffle maintenant comme un vent de pessimisme. On est mécontent de l'état présent de la société, et on le fait voir à tout moment sous des formes plus vives.

Le socialisme lassalien du prince de Bismarck paraît trop tiède à l'empereur d'Allemagne, le socialisme du Pape renchérit sur celui du roi d'Italie. Dans la plupart des pays, ce sont les chefs de l'aristocratie qui se constituent les plus ardents promoteurs des changements sociaux. Des fils de famille, pleins de sève et de santé, avec deux cent mille francs de rente par an, s'interrompent de la lecture d'*Auteuil-Longchamps* pour lire le *Socialiste* de M. Guesde ou la *Revue socialiste* de M. Malon. Un courant révolutionnaire envahit le livre, le journal, le théâtre. A des degrés divers et de mille façons, c'est le monde entier qui rêve aujourd'hui de se convertir au socialisme.

II

Et je crains que l'idée de justice tienne au demeurant fort peu de place dans ce désir de conversion. L'idée de justice en elle-même n'est 'guère de celles qui poussent à l'action ; sans compter que l'état social présent a été trop longtemps considéré comme juste pour que son injustice se révèle ainsi spontanément à tous les yeux.

Rien, d'autre part, n'est venu, dans ces temps derniers, aggraver cette injustice, ni rendre la situation des prolétaires plus digne de notre pitié ; et les prolétaires ne se sont pas non plus conduits précisément comme il aurait fallu pour se gagner une plus large part de notre compassion.

En réalité, ce n'est pas l'idée de la justice qui pousse aujourd'hui vers le socialisme, dans l'Europe entière, l'élite des classes dirigeantes : c'est l'inquiétude vague, mais sans cesse plus forte, qu'inspirent les incessants progrès du socialisme. La sagesse populaire a décerné l'immortalité à Gribouille pour autrefois s'être jeté à l'eau sous des mobiles du même genre : mais aussi bien la conduite de Gribouille est-elle le symbole de notre façon d'agir la plus ordinaire. Tous les jours nous prenons davantage l'alarme de ce mouvement socialiste qui se propage à travers l'Europe ; et c'est surtout par un désir inconscient de l'arrêter dans sa marche que nous brandissons à l'envi ces petits drapeaux des réformes sociales, en même temps que, d'un coup d'œil effaré, nous supplions les pouvoirs publics de nous laisser nous-mêmes achever cette révolution, subitement devenue pour tous les bons esprits si urgente et si légitime.

III

C'est que le perspicace Louis Reybaud s'était trompé lorsqu'il affirmait en 1853 que « l'on ne pouvait plus désormais parler de socialisme sans prononcer une oraison funèbre ». Le socialisme n'est mort ni en 1853, ni en 1871 ; il a pris au contraire depuis quelques années une vie toute nouvelle.

Voilà, du moins, ce que chacun croit sentir aujourd'hui dans le monde entier. On a l'impression que partout le socialisme international ne cesse pas de devenir plus actif, plus résolu, plus pratique. Au lieu de ses tapageuses agitations d'autrefois, il nous paraît à présent s'organiser sans bruit et avancer très vite au-dessous de nous, racolant à chaque pas de nouvelles recrues. Le voici qui, en Allemagne, en Belgique, tient tête au pouvoir ; et si ce n'est pas lui qui dirige chez nous ces grèves désormais quotidiennes, on a bien l'idée tout de même qu'il n'y est pas étranger, que l'impulsion est venue de lui, et qu'il doit trouver là de belles occasions de se renforcer.

Mais ce qu'est au juste le socialisme d'à présent, son but, son programme et ses moyens d'action, c'est ce que la majorité du public, en France du moins, continue à ignorer. Les écrits socialistes, lorsqu'ils ne s'adressent pas directement aux prolétaires, sont encombrés de formules économiques compliquées et abstraites qui en rendent la lecture difficile. Les vrais chefs du parti, d'ailleurs, ne tiennent pas beaucoup à informer les curieux du détail de leurs entreprises : ils préfèrent laisser aux prolétaires le soin d'assurer seuls leur victoire, ils se méfient du dilettantisme bourgeois, et il y a des groupes importants d'où les employés même sont exclus, comme trop imprégnés *a priori* de l'esprit capitaliste.

IV

J'ai eu l'occasion depuis plusieurs années d'observer d'assez près le mouvement socialiste sur quelques-uns des points de l'Europe où il est le plus actif ; et maintenant il m'a semblé qu'il pourrait être intéressant, peut-être même utile, d'essayer d'offrir au public un tableau général de l'état du socialisme contemporain, en reprenant d'une façon méthodique et suivie l'enquête que les hasards de voyages antérieurs m'avaient fait ébaucher.

Une enquête de ce genre doit commencer par le socialisme français : il nous touche de plus près que les autres, et il n'est ni moins curieux ni moins fort. Mais si l'on veut comprendre le socialisme tel qu'il est aujourd'hui on ne peut se dispenser de le considérer comme un phénomène international, et de mesurer d'un même coup d'œil sa situation dans les pays qui avoisinent le nôtre. Les progrès de la civilisation réduisent de jour en jour l'importance des limites entre les nations. Les socialistes de toutes les races sont en train de tenter une alliance effective et pratique, autrement solide que celle de l'ancienne Internationale.

Il est aussi évident, par ailleurs, que la question sociale doit être aujourd'hui la même dans le monde entier, les conditions de la vie sociale y étant les mêmes ou à peu près. Les intérêts des capitalistes sont solidaires les uns des autres, à travers le monde, comme ceux des ouvriers. L'émoi causé par les rescrits de l'empereur Guillaume a été aussi vif au dehors qu'au dedans de l'Allemagne. Que demain la révolution éclate en Belgique, c'est la face tout entière de l'Europe qui en sera bouleversée.

V

Et ce qu'il importe surtout de connaître, dans les divers pays, ce n'est pas le détail des doctrines abstraites, dont la masse des ouvriers se soucie encore assez peu, ni le nombre des adhérents, qui peut changer du jour au lendemain dans des proportions imprévues ; c'est le tempérament, le caractère, l'éducation et les idées des hommes qui dirigent les partis.

Car dans aucun parti politique les chefs n'ont eu et ne gardent une influence personnelle aussi forte que dans le socialisme. Le public sur lequel ils agissent n'est pas de ceux qui peuvent obéir à une théorie abstraite. Les théories doivent s'incarner à ses yeux sous la forme vivante d'un orateur ou d'un pamphlétaire. C'est entre les mains de ses chefs que demeurent aujourd'hui les destinées du socialisme.

Cette influence énorme des individus s'atteste par mille exemples singuliers, à chaque pas que l'on fait dans l'étude des divers partis socialistes. Par sa seule action personnelle, Bakounine a converti à l'anarchisme tout le midi de l'Europe, si bien que les collectivistes ont fort à faire maintenant pour ramener à leurs idées les prolétaires de la Suisse, de l'Italie et de l'Espagne. En France, tandis que tous les ouvriers des régions du Nord et du Nord-Est suivent le parti marxiste de M. Guesde, seuls les groupes de la région des Ardennes restent fidèles au possibilisme, et, depuis la scission de Châtellerault, au possibilisme allemaniste : ils y ont ce seul motif que leur compatriote, le chansonnier J.-B. Clément, est possibiliste et a suivi le parti de M. Allemane depuis la scission.

C'est pour des raisons analogues que, à Paris, les différents corps de métiers appartiennent à des partis différents. Les typographes sont allemanistes, parce que M. Allemane est typographe ; les mécaniciens suivaient les évolutions de feu Joffrin, qui était mécanicien. Et la chose a plus d'importance encore à l'étranger, en Allemagne par exemple, où il suffirait au député bavarois M. de Vollmar de se séparer du parti de M. Bebel pour séparer du parti de M. Bebel la presque totalité des ouvriers de la Haute-Bavière.

C'est donc en connaissant les hommes du socialisme que l'on peut arriver à connaître le fondement psychologique de ce parti, et ainsi pénétrer la nature exacte de ses désirs et de sa puissance. Et je ne crois pas que, même à un point de vue tout désintéressé, il y ait aujourd'hui un sujet d'étude plus curieux : car précisément en raison des qualités que réclame de ses chefs le mouvement socialiste, c'est à la tête de ce mouvement que se rencontrent quelques-unes des personnalités les plus singulières de notre temps. C'est à lui que vont de plus en plus tous ceux qui ont gardé la force de vouloir et le goût d'agir. Nulle autre part je n'ai vu une telle variété de caractères extravagants, depuis le conspirateur jusqu'à l'assoiffé de martyre, depuis l'ambitieux jusqu'au mystique, depuis le pessimiste dégoûté jusqu'à l'utopiste sentimental, en passant par le caractère plus extravagant encore qui réunit en lui un peu de tout cela.

Un mot encore. Tous les hommes dont il sera fait mention ici sont de véritables *socia-*

listes, c'est-à-dire que tous demandent la suppression complète de l'état social présent et la remise du capital entre les mains de la collectivité. Mais un même principe peut être entendu et appliqué de bien des façon s diverses : c'est ce que prouvera, j'espère, le petit livre que voici.

PREMIÈRE PARTIE

LES SOCIALISTES FRANÇAIS

LE
MOUVEMENT SOCIALISTE
EN EUROPE

PREMIÈRE PARTIE
LES SOCIALISTES FRANÇAIS

CHAPITRE PREMIER
M. BENOIT MALON

I

Né à Prétient, dans le Forez, en 1841, d'une
famille de paysans, M. Benoit Malon fut d'abord
berger ; il ne savait pas lire, mais dans le catéchisme qu'on lui enseignait il découvrait une
foule de détails qui inquiétaient son bon sens,

et le curé du village avait souvent fort à faire de discuter avec lui. Plus tard, il vint à Paris, trouva de l'ouvrage dans une teinturerie, s'instruisit de toutes sortes de sciences, dirigea des grèves, se rendit fameux par l'active énergie de sa propagande socialiste; mais c'est à des poèmes qu'il occupait ses instants de loisir, à des poèmes historiques où sans doute l'héroïsme alternait avec la tendresse, et sans doute aussi les fautes de syntaxe avec les fautes de prosodie.

Puis les événements se pressèrent, et M. Malon dut interrompre ses essais poétiques. Il devint un des chefs du socialisme aux dernières années de l'Empire, prit une part considérable dans les agitations de l'Internationale, fut souvent condamné à de la prison, se vit nommer successivement député et membre de la Commune, vécut longtemps en Suisse et en Italie aux côtés de Bakounine, revint en France après l'amnistie, dirigea des journaux à Paris et à Lyon, fonda puis refonda la *Revue socialiste*, et se constitua par tous les moyens le

théoricien, l'historien, le vulgarisateur des nouvelles doctrines économiques.

Aujourd'hui les nouvelles doctrines économiques se répandent d'elles-mêmes ; la *Revue
socialiste*, après des débuts difficiles, a trouvé
assez d'abonnés pour avoir son avenir assuré.
Dispensé enfin, et du travail manuel que jamais
jusqu'à ces derniers temps il n'avait abandonné,
et du travail de la propagande, où il avait
depuis vingt ans employé toute sa pensée,
M. Malon a senti renaître dans son cœur les
instincts de sa jeunesse. Il a rêvé d'unir tous les
hommes à la façon d'un gentil troupeau, sous
la garde d'un socialisme juste et doux ; et pour
être écrits désormais en prose, avec une abondance de chiffres et de citations, ses ouvrages
d'à présent n'en sont pas moins des poèmes,
des poèmes où, comme autrefois, l'héroïsme
alterne avec la tendresse, et les illusions hu-
manitaires avec les illusions grammaticales.

Le Socialisme Intégral, c'est le titre du
livre fraîchement paru où M. Malon a voulu

résumer les principes généraux de ses théories. Impossible d'imaginer une plus étrange littérature : c'est le type de la façon dont peuvent écrire ceux qu'on appelle les *autodidactes*; et, en comparaison de M. Malon, M. Rosny lui-même ferait l'effet d'être un autodidacte de fantaisie. Le trait dominant de cette littérature est un effort constant à mettre absolument tout ce que l'on sait dans toutes les pages qu'on écrit. M. Malon a essayé de tout mettre dans son *Socialisme Intégral*. Il n'y a pas un écrivain qu'il n'ait cité, depuis Homère jusqu'à M. Chirac, ni un sujet dont il n'ait parlé, depuis la métaphysique jusqu'à la cuisine, si bien que son livre, avec la diversité des matières, la masse des noms propres et l'incertitude du style, est devenu un fouillis difficile à démêler.

Lorsqu'on a pu démêler ce fouillis, on ne trouve au premier abord rien qui paraisse sérieux. Les sentiments sont trop beaux; il y a trop de poésie, trop de morale ; le capital lui-même est flétri avec trop d'égards. On se méfie de la valeur effective de ce socialisme bénissour, qui veut à la fois tout maintenir et tout remplacer, concilier les aspirations idéales avec les besoins naturels, et faire à tous les systèmes la galanterie de leur emprunter quelque chose, depuis celui de Platon jusqu'à celui du compagnon Tortelier.

On en vient ainsi à considérer M. Malon comme un utopiste inoffensif, incapable d'exercer une action quelconque sur le mouvement socialiste français.

C'est d'ailleurs ce que ne manquent pas d'affirmer ses confrères socialistes de tous les partis. L'influence de M. Malon, à les entendre, est nulle ou à peu près. D'abord il n'est pas orateur, une laryngite chronique l'empêchant de parler en public. Et puis ses idées, pour ce qu'elles ont de sensé, se ramènent à la théorie possibiliste, c'est-à-dire à l'acquisition lente et progressive des services publics, des monopoles et du capital, par la commune et par l'État. Or, cette théorie, ce n'est pas à M. Malon qu'elle appartient : M. Brousse et M. Allemane sont les vrais chefs du possibilisme, et M. Mal'on ne fait qu'édulcorer leur doctrine sans que personne s'avise seulement d'aller y voir dans ce qu'il écrit.

Voilà ce que m'ont dit, avec une foule de sincères protestations d'amitié et de respect à l'endroit d'un vétéran du parti, tous ceux des chefs du socialisme parisien que j'ai interrogés sur M. Malon. Et cependant je suis bien sûr aujourd'hui que tous ces messieurs se trompaient, que moi-même avais été dupe des premières apparences, et que, loin d'être un vain rêveur que personne n'écoute, M. Malon se trouve en passe de partager bientôt avec M. Guesde la direction du socialisme français.

C'est d'abord que, s'il exprime mal ses idées, il a des idées; et que si ces idées sont en effet pareilles à celles qui ont constitué le possibilisme, M. Malon est seul désormais à les représenter en France d'une façon désintéressée.

Depuis le temps où, en 1881, sous l'action secrète de M. Brousse, le possibilisme s'est détaché du collectivisme intransigeant de M. Guesde, il a presque entièrement perdu sa signification théorique. Sa campagne antiboulangiste, ses divisions, l'ambition personnelle de ses chefs ont achevé de lui enlever son caractère de socialisme à programme, pour en faire un simple parti électoral, quelque chose comme un radicalisme plus avancé.

M. Malon cependant, qui déjà il y a dix ans avait collaboré avec M. Brousse au programme du possibilisme, n'a pas cessé de garder sa foi aux idées qui y étaient contenues. Séparé bientôt de M. Brousse, dont le caractère et les projets étaient en vérité trop différents des siens, il est resté le véritable représentant de la théorie possibiliste ; et c'est elle qu'il reproduit dans ses livres, malgré ses prétentions à l'éclectisme.

Ce qu'il demande, en fin de compte, c'est que par tous les moyens l'État s'occupe d'améliorer le sort des ouvriers. Il veut que l'on supprime tous les monopoles concédés à des particuliers, qu'on abolisse par degrés les dettes de la nation et des communes, qu'on transforme l'intérêt perpétuel en prime d'amortissement, qu'on retienne une partie des grandes successions, et qu'ainsi on parvienne à organiser des armées du travail, un domaine national, un crédit national, permettant aux corporations d'éliminer peu à peu le fâcheux régime du salariat.

La nationalisation de la richesse publique se

ferait ainsi sans secousse et seulement par de lentes étapes, mais dont chacune .du moins marquerait une amélioration dans la situation matérielle des prolétaires.

Et voilà pourquoi le socialisme de M. Malon est fait pour séduire de jour en jour davantage les ouvriers français, de jour en jour plus désireux de bien-être et plus pressés de jouir. M. Guesde leur dit : « Aussi longtemps que vous n'aurez pas entre vos mains tous les pouvoirs publics, il n'y aura rien de fait. Mais prenez patience, ne réclamez pas trop ces soi-disant améliorations qui n'auraient d'effet que de retarder votre victoire. » Raisonnement admirable, mais qui n'a pas les avantages immédiats de celui de M. Malon. Et ainsi, dans le camp même de M. Guesde, la tendance possibiliste s'accentue chaque jour.

La doctrine de M. Malon a encore pour elle un autre avantage : en même temps qu'elle parle aux prolétaires de leurs appétits et du droit qu'ils ont à les satisfaire, elle les entretient de la justice, de la morale sociale, de la fraternité universelle, toutes choses qui ont gardé leur pouvoir sur un peuple naturellement enclin à se remplir le cerveau de formules généreuses.

III

Le seul malheur est que M. Malon n'est pas orateur, que ses écrits sont d'un accès difficile et qu'on ne voit pas d'abord comment il pourrait répandre ses idées, pour opportunes qu'elles soient. Mais ici encore il ne faut pas se laisser prendre aux apparences. L'action personnelle de M. Malon est en réalité très grande, et cela parce que, malgré son sentimentalisme, son érudition mal digérée et la confusion de son style, M. Malon est à la fois un homme d'un caractère admirable et d'une intelligence supérieure.

Il suffit pour s'en convaincre de causer quelques instants avec lui dans sa petite maison de Cannes, où il passe l'hiver, ou à Paris, dans la petite chambre où se rédige et s'édite la *Revue socialiste.*

Ce petit homme grisonnant, avec sa face tranquille dont tous les traits, le front, le nez, les yeux, la barbe semblent s'élargir pour mieux exprimer la franchise de l'accueil, avec ses gestes discrets et quasi-sacerdotaux, avec sa voix douce, posée, par instants coupée d'un léger bégaiement : on sent aux premiers mots qu'il dit l'absence de toute ambition personnelle, le parfait désintéressement, l'ingénuité d'un cœur d'enfant.

On comprend comment, mêlé à l'histoire d'un parti qu'ont sans cesse troublé les jalousies, les querelles et les haines, cet homme a pu garder autour de lui les plus chaudes amitiés. Et maintenant que les soldats commencent à se lasser des divisions des chefs, ce sont tous les jours de nouveaux amis qui viennent ou qui reviennent au citoyen Malon. Guesdistes, blanquistes, possibilistes, anarchistes de France et de Russie, tous savent qu'il est prêt à rendre service et que personne n'est plus profondément attaché à l'idée de la Révolution sociale.

Ainsi M. Malon doit à la noblesse de son caractère d'être aujourd'hui en relations constantes avec les hommes de tous les partis, avec les vieux et les jeunes, avec les bourgeois qu'il essaie d'endoctriner, et les ouvriers dont il s'efforce de modérer l'intransigeance. Il est comme un foyer moral où viennent se réchauffer tous les socialistes français. Et l'on découvre vite que sous ce caractère charmant il y a un esprit d'une solidité tout à fait remarquable.

Oui, les années ont développé et affiné chez M. Malon ce bon sens naturel qui jadis embarrassait le curé de Prétient ; et cette érudition universelle qui fait un si fâcheux effet dans ses écrits, elle ne sert dans sa conversation qu'à exercer sur un plus grand nombre de sujets une simple, vigoureuse et loyale raison.

Depuis cinquante ans qu'il vit, il n'a pas cessé de s'intéresser à tous et à chacun. Je ne connais personne qui sache raconter mieux que lui, ni qui trouve pour juger les hommes des mots plus heureux. Et c'est un plaisir ensuite de lui entendre exposer ce qu'il croit être l'avenir du parti socialiste, ce programme complet de réformes où prolétaires et gouvernants ne peuvent, suivant lui, bientôt manquer de consentir.

Et de jour en jour on l'écoute davantage. A côté de lui, tous les rédacteurs de la *Revue socialiste* développent le détail de ses idées ; peu d'ouvriers, à vrai dire, sont abonnés individuellement à la *Revue socialiste*, mais il y a en revanche beaucoup de groupes, de syndicats, d'associations diverses. Un seul lecteur suffit, d'ailleurs, pour que des idées aussi pratiques et aussi actuelles ne tardent pas à se propager ; de pareilles idées se propagent d'elles-mêmes, ayant pour elles de répondre exactement aux exigences de la situation présente.

A mesure que les partis possibilistes de M. Brousse et de M. Allemane voient se détacher d'eux les groupes ouvriers, à mesure que s'éteignent les partis anarchistes et blanquistes, à mesure que les marxistes regimbent davantage contre le radicalisme trop absolu de M. Guesde, le possibilisme réformiste de M. Malon résume plus parfaitement la tendance qui domine chez les socialistes français.

Le seul malheur est que ce possibilisme ne peut aboutir qu'à un état provisoire. Le jour où il serait parvenu à réaliser son programme, la théorie radicale de M. Guesde reprendrait sa force d'autrefois auprès des ouvriers, et aurait vite fait de mettre à nouveau l'alarme et la guerre dans le troupeau social que rêve de rassembler M. Malon, le pâtre-poète du socialisme français.

CHAPITRE II

M. JULES GUESDE

I

Il y a bien dix ans que j'ai eu pour la première fois la surprise de voir et d'entendre M. Guesde. C'était dans la petite ville de Châtellerault, où un si beau pont traverse une si belle rivière. Les ouvriers de l'endroit faisaient venir de temps à autre des conférenciers de Paris; et en entrant au théâtre, ce jour-là, j'aperçus, debout sur la scène, un grand diable, mais un vrai diable de boîte à malice, tout noir, tout barbu et tout chevelu, qui vociférait des phrases sans nuance aucune, découpant les mots l'un après l'autre, et accompagnant sa sèche et mécanique parole de gestes secs et mécaniques, exactement comme s'il venait de surgir de la table que je voyais devant lui, et qu'il s'attendît à y rentrer.

Mécaniques et sèches étaient aussi les idées qu'il exprimait. C'était, sous sa forme la plus simple, la doctrine de Marx, dont M. Guesde était déjà tout imprégné. Il la développait dans ses conséquences pratiques, sans jamais parler de la justice idéale, du droit au travail, de tous les grands sentiments qu'on a coutume de rappeler. Et je constatai qu'il ne s'occupait que d'invoquer les besoins, les appétits, les instincts de son auditoire.

Je remplaçais alors au collège de Châtellerault, en qualité de professeur de philosophie, un jeune homme que ses opinions socialistes avaient rendu fameux. Les ouvriers de Châtellerault, s'imaginant sans doute que le socialisme faisait partie des attributions des professeurs de philosophie, voulurent bien m'inviter, quelques jours après la conférence de M. Guesde, à un petit punch fraternel qu'ils célébraient tous les mois. Je causai avec ces braves gens :

les paroles de M. Guesde les avaient comme moi étonnés, et je vis de plus qu'elles les avaient convertis. Nous fûmes tous marxistes avec frénésie, ce soir-là, jusqu'à l'heure où l'on commença à chanter des chansonnettes.

Mais le dimanche suivant, M. Clovis Hugues vint à son tour faire une conférence devant le même auditoire. Il glorifia la Révolution, excusa la Commune, récita un poème qu'il venait de composer en wagon. Au punch qu'on lui offrit le soir, il ne restait plus trace dans Châtellerault du marxisme de M. Guesde. Jusqu'à l'heure des chansonnettes, chacun ne songea qu'à se réjouir de la chute de l'ancien régime, des bienfaits de la République, et du joli petit soleil de dimanche que nous avions eu dans la journée. Les théories de M. Guesde étaient décidément trop belliqueuses pour ces prolétaires, que l'habitude de fabriquer des instruments de carnage, fusils et couteaux, n'empêchait pas de rester les plus pacifiques des hommes.

Souvent, depuis, j'ai revu et réentendu M. Guesde à Paris, dans des réunions publiques. Son éloquence était encore devenue plus mécanique, son argumentation plus serrée et plus positive. Même à un auditoire d'avance hostile, sa forte parole imposait l'attention ; on l'écoutait, on était entraîné dans l'appareil de son raisonnement. Mais l'effet durait moins encore à Paris qu'à Châtellerault. Avec des mots plus grands et des intonations plus variées, les orateurs suivants ne manquaient pas à faire oublier M. Guesde ; et souvent je voyais des gens qui l'avaient applaudi s'en aller mécontents de lui, comme s'ils avaient après coup découvert dans ses discours quelque chose de trop autoritaire, une trop vive sommation d'avoir à obéir aux ordres de la raison.

II

Récemment enfin, j'ai vu M. Guesde chez lui, avenue d'Orléans, derrière le Lion de Belfort, dans un étroit petit logement égayé par le tapage d'une troupe d'enfants. Mais M. Guesde, qui, à la tribune, hurle ses phrases avec des gestes affectés, garde au contraire chez lui, dans ce logement d'ouvrier, les allures, les manières et le ton d'un parfait homme du monde : il les complète même d'un grain de réserve hautaine tout à fait imprévu chez ce démagogue, fils d'un petit professeur du quartier Saint-Louis.

Je n'ai rien retrouvé non plus, dans son extérieur, de cet air de diablotin mécanique dont j'avais été autrefois si frappé. A quarante-six ans, ses longs cheveux et sa longue barbe sont restés d'un beau noir : mais cheveux et barbe lui donnent simplement une figure de poète méridional, et encore ai-je découvert sous leur masque un souriant visage de brave homme, avec une expression de finesse pas du tout méchante dans ses grands yeux myopes. M. Renouard aurait été stupéfait de voir combien le vrai M. Guesd , diffère de l'énergumène au typo israélite dont il a jadis si joliment croqué le profil, dans une réunion publique.

Quant à la conversation de M. Guesde, ce n'est pas seulement M. Renouard et moi qu'elle aurait stupéfaits. « Attendez-vous à trouver un Diderot ! » m'avait dit la veille M. Malon. Et, ma foi, je crois qu'il avait raison. Diderot seul, ou un causeur des temps où l'on causait, a pu traduire ses idées avec cette aisance, cette sûreté et cette sobriété dans le choix des images, et cette rapidité de réplique. C'est ainsi dans le tête-à-tête qu'il faut entendre parler M. Guesde. Il est le plus extraordinaire orateur en chambre de notre temps.

Seulement, à mesure que M. Guesde dérou-
lait devant moi ses idées, — dans quel beau
français abstrait et précis comme il y a cent
ans ! — je m'apercevais que ses idées étaient
toujours dirigées dans un même sens, issues du
même point de vue, fondées sur les mêmes
principes.

Je me rappelais le vœu qu'avait souvent
émis M. Mallarmé, de porter dans sa poche,
sur une infinité de petits carrés de papier, des
réponses, méditées d'avance et invariables, à
toutes les questions qui pourraient lui être po-
sées tout le long de la vie. M. Guesde me faisait l'effet d'avoir de ces carrés de papier plein
la tête; ou plutôt je compris qu'il n'en avait pas
besoin, car M. Guesde n'est pas un homme,
c'est une machine intellectuelle, un automate
dialecticien, outillé admirablement, compliqué
à souhait, mais avec tous ses mouvements
réglés une fois pour toutes, comme ceux des
marionnettes animées de M. Bertrand.

M. Guesde ne connaît ni l'ambition, ni la
jalousie, ni la passion du gain, ni celle de la

gloire. Il n'est pas même un exalté. Depuis vingt ans qu'il dirige le mouvement socialiste français, aucun des sentiments qui émeuvent les chefs de parti ne paraît l'avoir ému. Il est toujours resté pauvre, indifférent aux calomnies, à la prison, au manque de bien-être matériel. Les échecs ne l'ont pas davantage arrêté que les victoires ; malade et laissé pour mort, naguère, il a poursuivi sa tâche. Seules les machines ont cette allure égale, régulière, sans haltes ni changements.

C'est que M. Guesde n'est rien de plus qu'une remarquable machine de propagande socialiste. Il a tiré automatiquement toutes les conclusions d'une doctrine économique et, maintenant, c'est à ces conclusions qu'il rapporte automatiquement ses idées, de quelque sujet qu'il s'agisse.

III

Voici d'abord la doctrine.

La classe produisante ne sera libre que le jour où elle aura dans ses mains les moyens de production, c'est-à-dire le jour où la propriété sera devenue collective. Or, ce jour n'arrivera que lorsque la classe produisante aura exproprié la classe capitaliste de la propriété qu'elle détient ; et cette expropriation économique, à son tour, devra être précédée d'une expropriation politique. Le prolétariat doit d'abord enlever aux classes supérieures le pouvoir, condition indispensable des réformes sociales.

Voici maintenant les principales conclusions pratiques que M. Guesde a déduites de ce principe général, directement pris au système de Karl Marx.

Il en a déduit avant tout le programme d'action du parti socialiste. Puisque seule l'expropriation politique et économique de la classe capitaliste réalisera l'avènement de la société telle qu'elle doit être, il faut hâter cette expropriation par tous les moyens ; et de tous les moyens, le plus efficace est de faire la guerre à la classe capitaliste.

A cette classe, c'est-à-dire à notre société présente, M. Guesde fait la guerre à peu près comme les républicains faisaient la guerre à Napoléon III. Il réclame sans cesse de nouveaux privilèges pour les ouvriers, la limitation de la journée de travail, la fixation d'un salaire minimum, etc.; mais ces privilèges ne sont à ses yeux que d'un avantage provisoire. Obtenus, ils permettront d'en réclamer d'autres ; refusés, ils deviendront plus désirables et entretiendront l'ardeur au combat.

C'est M. Guesde qui a été le promoteur de la manifestation annuelle du 1er mai. C'est lui qui est le véritable créateur du système des grèves générales. Et lorsqu'il s'est agi, en 1881, de savoir si le socialisme français devait mettre à son programme l'acquisition par l'État des services publics et des monopoles, c'est lui qui s'y est le plus résolûment opposé, au risque de se voir abandonné de chacun. « Placer les monopoles et les services publics dans les mains de l'État, a-t-il dit, c'est constituer peut-être aux prolétaires de petits avantages matériels pour l'instant; mais c'est amollir la lutte et retarder la victoire. »

La propagande socialiste aussi, M. Guesde l'a entendue d'après les seules lois de la déduction logique. Il a laissé de côté les grandes phrases et les grands sentiments. Le programme du socialisme étant la guerre, il a voulu faire des soldats : on ne s'attarde pas à expliquer aux soldats l'idée de patrie avant de les envoyer au feu.

Toujours, en revanche, M. Guesde s'est occupé des éléments psychologiques qui pouvaient fortifier chez les prolétaires le goût et le courage de vaincre. On l'a accusé de vouloir créer le *parti du ventre*, c'est-à-dire de ne faire appel qu'aux appétits de son auditoire : il s'en est défendu, et il a eu raison, puisque l'accusation avait de quoi nuire à l'effet de sa propagande. Mais c'est la vérité pure qu'il fait appel aux appétits des ouvriers, et j'avoue que la chose me paraît de bonne guerre : n'est-ce pas un peu au nom de ses appétits que chacun de nous s'insurge si spontanément devant l'idée d'une victoire du socialisme ?

IV

En Allemagne, en Belgique, chez les peuples
où la logique domine et où les appétits sont
violents, un homme de l'espèce de M. Guesde
aurait depuis longtemps dans sa main tous les
prolétaires. Mais il n'en va pas de même en
France : il y faut moins de raisonnement et
plus de raison, ou plutôt moins de pure raison
et plus de bon sens immédiat.

Paris, d'abord, a toujours résisté à M. Guesde; à peine s'il y compte cinq cents adhérents.
Dans presque tous les centres ouvriers de la
province, c'est vrai, dans le nord, l'est et le
centre surtout, il commence à être le chef du
socialisme; mais c'est seulement depuis quelques années, et là même sa domination n'est

pas absolue, souvent mise en échec par des tendances possibilistes.

Je me suis permis de demander à M. Guesde en le quittant pourquoi il ne faisait pas dans un livre ou dans une revue l'exposé théorique de son système de combat. Avec un sourire cette fois rayonnant de bonheur, M. Guesde me répondit que la victoire était désormais trop prochaine pour qu'il eût besoin de se fatiguer à des dissertations. « Encore deux ou trois Premier-Mai, me dit-il, et vous verrez comme la face du monde se sera modifiée. »

La face du monde se sera en effet, sans doute, beaucoup modifiée après encore quelques Premier-Mai ; et, du moins pour ce qui touche la France, tout le mérite en reviendra à M. Guesde, si mérite il y a. Mais je ne crois pas que la modification soit telle tout de suite que M. Guesde l'espère. Le monde voudra d'abord essayer d'un compromis, et c'est un programme comme celui de M. Malon qui aura chance de passer le premier.

Seulement, si M. Guesde est plein d'espoir, il est aussi plein de patience. Lorsque les ouvriers auront obtenu les améliorations qu'on se sera décidé à leur accorder, quand bien même ils seraient alors ouvriers de l'État et non plus des actionnaires, l'occasion sera belle pour M. Guesde de leur appliquer de nouveau son appareil dialectique, de leur montrer les avantages qui résultent, pour la victoire totale, de la victoire partielle qu'ils auront remportée, et de recommencer ainsi son dialogue avec leur ventre, à qui rien ne donne des oreilles comme de n'avoir plus faim qu'à moitié.

CHAPITRE III

MM. LAFARGUE, VAILLANT, ALLEMANE ET BROUSSE

M. Guesde et M. Malon sont, je crois, les meilleurs représentants des deux tendances entre lesquelles va se partager désormais le socialisme français. Les autres chefs du parti, M. Vaillant, M. Brousse, M. Allemane, naguère si fameux, ont aujourd'hui beaucoup perdu de leur importance ; peut-être n'auront-ils plus bientôt qu'une importance tout historique.

La faute en est surtout aux circonstances, à l'épisode du boulangisme en particulier, qui les a un temps forcés à négliger les questions sociales pour une question politique. Il est possible aussi que leur programme n'ait pas été assez net pour garder un pouvoir durable, ou qu'ils n'aient pas assez pris soin de le tenir au courant, à mesure que se modifiaient la situation matérielle et les dispositions morales du prolétariat.

Mais avec tout cela j'imagine que le caractère de ces messieurs, comme il avait autrefois contribué à leur fortune, contribue maintenant au rapide déclin de leur influence. Il faut, pour diriger un parti, de tout autres qualités que pour le créer : ni M. Vaillant, ni M. Allemane n'avaient ces qualités-là, et les défauts naturels de M. Brousse se sont trouvés, à la longue, détruire en partie l'effet des plus précieuses qualités.

I

Il n'en est pas de même, en vérité, de M. Paul Lafargue qui, malgré qu'il ait toujours travaillé aux côtés de M. Guesde, n'en reste pas moins une des personnalités les plus originales du socialisme contemporain.

D'abord, M. Lafargue est l'homme du monde qui connaît le mieux la doctrine de Karl Marx; il en est tout imprégné, comme Bossuet des Saintes Écritures. Il a épousé une des filles du maître, celle qui passait pour la plus intelligente des trois, au temps où Mme Longuet (morte aujourd'hui) passait pour la plus aimable, et Mme Aveling pour la plus jolie. Et à le voir si imperturbablement renseigné sur toutes 'es idées de son beau-père, on croirait que c'est un passe-temps de famille, dans sa petite maison du Perreux, de lui faire réciter tous les jours quelques pages du *Capital*, choisies au hasard.

Mais M. Lafargue n'est pas seulement le gardien autorisé de l'évangile marxiste. C'est de plus un homme instruit qui a beaucoup lu, beaucoup vu, et qui s'est fait, notamment dans les matières économiques, une très réelle compétence.

Et c'est encore un écrivain de talent, moins peut-être pour les expositions théoriques que pour les pamphlets, les actes d'accusation et la polémique sous toutes ses formes. Ses articles au journal hebdomadaire *le Socialiste* n'ont pas la précision ni la carrure de ceux de M. Guesde, mais la verve y est plus abondante, l'ironie plus délicate et, en général, la tenue plus littéraire. Une étude sur Victor Hugo, qu'il vient de publier dans la *Revue Socialiste*, me paraît, avec toute l'injustice de son parti pris, infiniment plus cruelle que les volumes de M. Biré pour la mémoire de ce poète socialiste, que les socialistes, soit dit en passant, ont toujours détesté. Et c'est M. Lafargue qui a écrit le chef-d'œuvre de la littérature socialiste, un petit pamphlet, *le Droit à la Paresse*, où l'on verra démontrée avec une clarté parfaite cette essentielle vérité : que l'idéal de l'homme n'est pas de vivre en travaillant, mais bien de vivre sans rien faire.

Malheureusement, M. Lafargue a beau grossir son style et simplifier ses idées : il a l'esprit trop fin pour que ses écrits portent autant sur les ouvriers que les discours de M. Guesde. Des discours, lui-même en fait sans cesse à tous les coins de la France : il en fait autant et plus que M. Guesde. Mais c'est un orateur assez médiocre, essoufflé, embarrassé dans ses phrases, si maladroit qu'on le prendrait, à l'entendre, pour un ouvrier ignorant qui vocifère des indignations de rencontre.

Et ainsi, c'est M. Guesde qui agit sur les ouvriers, aidé seulement et peut-être quelquefois guidé par M. Lafargue ; tous deux paraissent d'ailleurs s'accommoder fort bien de leur rôle, atteints l'un et l'autre d'une hypertrophie de conviction qui no laisse guère de place aux sentiments égoïstes.

M. Lafargue a été condamné récemment à un an de prison pour avoir dit à Fourmies des choses qui, s'il les a dites, sont le fait de sa maladresse d'orateur, comme les incorrections de ses phrases : car il n'y a pas de place dans ses doctrines pour l'excitation à de vaines révoltes. Mais je ne puis, malgré toute ma sympathie, m'affliger autant que je voudrais de sa condamnation. Car il est sûr d'abord que sa doctrine est une doctrine de guerre contre la société présente, et que s'il n'excite pas les ouvriers à rosser les gendarmes, il les excite à des mesures autrement inquiétantes pour les gens en place. Et puis, la prison, c'est le séjour naturel de M. Lafargue : c'est en prison qu'il a écrit avec M. Guesde le *Programme du parti ouvrier*, et, seul, *le Droit à la Paresse*. Il emploiera de nouveau ses loisirs à quelque bon travail de cette sorte; et pour être empêché, pendant un an, de prononcer des discours, ni lui ni son parti n'y perdront beaucoup.

II

Quelques mots suffiront, je pense, pour dire
tout ce qu'il importe de savoir sur M. Vaillant
et M. Allemane.

M. Vaillant est un excellent homme. Les
Parisiens des faubourgs le connaissent ; ils le
savent aussi généreux qu'il est riche, et obli-
geant en toute façon. Au Conseil municipal
chacun a de l'estime pour son caractère. On y
fait aussi grand cas de son savoir, qui est réel ;
M. Vaillant a étudié en France, en Angleterre,
en Allemagne ; il s'entend à la chimie mieux
que M. Brousse, à l'économie politique mieux
que M. Lafargue.

Et voilà tout. Avec son savoir et l'élévation

de son caractère, M. Vaillant n'a pas au Conseil municipal l'influence qu'y a M. Brousse : en dehors du Conseil municipal il n'en aura bientôt plus aucune.

M. Vaillant était, il y a deux ans, avec M. Granger, le chef du parti blanquiste, qui, pour ne guère se répandre au dehors, n'en était pas moins un parti très solide, très fortement organisé, et actif comme pas un. Mais le blanquisme avait toujours été par essence un parti d'agitation, qui cherchait à profiter de tous les moyens pour détruire l'état présent de la société. Le jour où, devant les ambitions du général Boulanger, M. Vaillant crut devoir protester, et prendre ainsi l'attitude d'un conservateur, il avait cessé d'être blanquiste. La majorité du parti le lui fit bien voir, en se séparant de lui pour suivre dans la campagne boulangiste son ancien ami, M. Granger, le confident de Blanqui.

M. Vaillant se trouvait dans la dure situation d'avoir à se créer un système nouveau. Il a préféré se rallier à l'un des systèmes existants, et ses derniers actes, comme aussi une récente déclaration publiée dans un journal radical, le montrent désormais partisan résolu des théories de M. Guesde et de M. Lafargue.

Malheureusement il vient trop tard ; il n'a, de plus, ce bon gros homme à lunettes, ni le talent de parole ni les habitudes qui conviennent à la propagande marxiste ; son rôle de chef du mouvement socialiste paraît désormais fini.

M. Allemane aussi est un excellent homme. Celui-là n'est ni riche, ce dont il aime à se faire gloire, ni savant, ce qui n'importe guère pour le métier qu'il fait, ni même conseiller municipal, ce qui paraît lui tenir très spécialement à cœur.

C'est, en revanche, le modèle de l'ouvrier typographe parisien, bon enfant mais un peu fier, et tenant le milieu entre l'artisan et l'artiste. Il a été typographe avant la Commune, il l'a été après son retour en France : il le sera toujours.

Qu'il ait jadis approfondi les questions sociales, je le croirais volontiers, encore qu'il me semble les avoir uniquement connues à travers les journaux et les livres qu'on lui donnait à imprimer. Mais aujourd'hui je suppose que le socialisme lui apparaît uniquement comme une protestation contre le mal qui est dans l'univers, une occasion de se sentir les coudes entre camarades, et un moyen de parvenir au Conseil municipal, pour y obtenir des améliorations dans le sort des ouvriers, des ouvriers typographes en particulier.

C'est bien le même homme pourtant, qui, depuis la fameuse scission de Châtellerault, est devenu le chef de la majorité du parti possibiliste, et qui a aujourd'hui l'honneur de voir des milliers d'ouvriers s'intituler, de son nom, les *allemanistes*. Mais le nombre de ces ouvriers diminue de jour en jour: sans cesse de nouveaux groupes se détachent, affirment leur désir d'être désormais indépendants, et en réalité se rallient soit à la tendance modérée de M. Malon ou à la tendance révolutionnaire de MM. Guesde et Lafargue.

Depuis longtemps déjà, le parti possibiliste se désagrégeait : les groupes sentaient vaguement que leurs chefs ne s'occupaient pas autant qu'il aurait fallu de renouveler les programmes, ni même de les réaliser. M. Allemane a eu simplement le mérite de marquer le point de départ de la rupture ; mais pour s'être affranchis de la domination de M. Brousse, les anciens groupes possibilistes ne vont pas aller se mettre sous la domination de M. Allemane, qui d'ailleurs n'a point la prétention de dominer personne.

III

Tout autre est le cas de M. Paul Brousse.

Celui-là semblait naguère destiné à être le chef suprême du socialisme français, et je pense que depuis le premier jour il n'a pas cessé de vouloir le devenir. Se rappelle-t-il encore le rêve ancien d'un triumvirat socialiste où M. Guesde aurait été chargé de la propagande orale, M. Malon de la propagande écrite, et où lui-même aurait eu la tâche d'organiser le mouvement ? Toutes les qualités d'un organisateur, il les possédait au plus haut degré ; personne ne l'égalait, dans le parti, pour connaître les hommes, pour deviner leurs faiblesses et pour savoir les mener. Bakounine et Marx, qu'il a tour à tour connus, tous les deux le redoutaient commo un dangereux rival pour l'avenir.

Il paraissait avoir toutes les qualités qui mènent au pouvoir : il était riche, instruit, plein d'énergie et de zèle au travail. Son éloquence, trop positive et trop froide, ne portait guère sur les masses, mais c'était l'éloquence qui convenait à un chef ayant à soutenir et à diriger des chefs en sous-ordre.

Et cependant voici que M. Brousse arrive au terme de sa carrière socialiste. Le parti possibiliste qu'il a créé en 1881, et que l'on croyait devoir marcher toujours sous sa direction, ce parti s'est désagrégé, émietté, si bien qu'il reste à peine à M. Brousse quelques groupes parisiens, et qui le suivent plutôt par crainte que par affection. Il reste bien encore à M. Brousse un certain nombre de chefs subalternes, des hommes qui, pour la plupart, lui doivent ou leur situation ou leur célébrité, ou même leur entretien matériel, mais ce sont là des chefs sans soldats, dont aucun n'a même l'influence parisienne du défunt Joffrin.

Ce n'est plus désormais dans le parti socialiste, c'est au Conseil municipal de Paris que s'exerce le pouvoir d'organisation et de direction de M. Brousse : c'est là seulement qu'il peut imposer ses volontés, et conduire les gens, sans qu'ils s'en doutent, au point où il désire qu'ils arrivent. Son action ouverte et secrète y est considérable; en attendant que, suivant son programme de jadis, la Commune puisse tenir entre ses mains l'ensemble des services publics, il en tient lui-même dans sa main une grande partie, dont il paraît faire usage d'ailleurs pour le plus grand bien de ses amis, des prolétaires, et des Parisiens en général.

Mais il y a loin de cette autorité toute locale à l'autorité suprême que tous, amis et ennemis, promettaient jadis à M. Brousse. Et ses ennemis s'en étonneraient bien s'ils pouvaient penser à autre chose qu'à s'en réjouir ; mais ils ne le peuvent pas, car peu d'hommes sont aussi profondément détestés, et de tant de côtés divers, que M. Paul Brousse.

Ce n'est pas qu'il soit méchant : il ne l'est pas au moins sans nécessité, et jamais il n'a négligé une occasion d'obliger tous ceux que ses intérêts lui permettaient d'obliger. Dans le modeste appartement qu'il occupe au bas de l'avenue de Clichy, toutes les chambres sont pleines dès le matin de braves gens qui viennent solliciter ou un secours, ou une faveur, et bien peu s'en vont les mains vides.

Mais M. Brousse est par essence un conspirateur : c'est cela, je crois, qui a fini par le perdre, après lui avoir très longtemps servi.

Ce goût de l'action souterraine, de la direction occulte, l'a-t-il pris dans la fréquentation de Bakounine et des nihilistes russes ? J'imagine plutôt qu'il l'a eu toute sa vie. Il a naturellement la mine d'un conspirateur ; j'ai trouvé dans son pâle visage je ne sais quoi de cette expression satanique qui faisait partie, vers 1830, de l'idéal du *beau ténébreux*. Peut-être tient-il ce tempérament de quelqu'un de ses ancêtres, qui ont été longtemps les chefs du parti catholique dans la région protestante du Midi ? Toujours est-il que c'est un conspirateur, et que son ambition a pris ainsi une forme qui ne pouvait manquer à la longue de lui devenir funeste.

C'est par des procédés de conspirateur qu'il a depuis dix ans essayé d'écarter de son chemin les rivalités gênantes. Sans vouloir se montrer, ni prendre ouvertement en main la direction du parti, il a fait excommunier tour à tour M. Guesde, M. Malon, M. Allemane, ayant toujours le goût de ces mesures solennelles renouvelées de la Sainte-Vehme, les excommunications, les interdictions, les mises au ban du parti. Il a aussi trop aimé la discipline passive, l'organisation hiérarchique des groupes, le système des *ventes* du carbonarisme.

Il avait arrêté un programme d'une clarté parfaite et, de plus, très susceptible d'être réalisé : l'acquisition des services publics par l'État et la commune. Mais il s'est privé volontairement du concours des théoriciens qui pouvaient l'aider à répandre ce programme : de M. Malon, du Belge César de Paepe ; et il ne s'est pas assez occupé de répandre lui-même ce programme parmi les ouvriers, dont il exigeait l'obéissance sans autre explication, tout comme le faisait autrefois son maître Bakounine.

Et bientôt les ouvriers se sont fatigués de cette obéissance : ils ont voulu savoir où on les menait; si bien que, sous les haines de ses rivaux et la désertion de ses troupes, M. Brousse s'est vu réduit à troquer ses hautes ambitions d'autrefois contre des ambitions plus modestes, et, après avoir failli être le successeur de Karl Marx dans la direction du socialisme, à devenir quelque chose comme l'autocrate du quartier des Épinettes.

LES SOCIALISTES ALLEMANDS

DEUXIÈME PARTIE
LES SOCIALISTES ALLEMANDS

CHAPITRE PREMIER
LES ORIGINES DU SCHISME
M. BRUNO WILLE

I

En juillet 1890, il y a un an, M. Ferdinand-Auguste Bebel était l'homme le plus fort et le plus heureux de toutes les Allemagnes.

Cet ancien ouvrier tourneur se voyait désormais le chef absolu d'un parti solidement discipliné, qui avait, aux dernières élections, recueilli plus de voix que les autres partis, et qui de jour en jour se renforçait de recrues nouvelles, sans rien perdre de sa cohésion ni de sa docilité. Au Reichstag, où il avait fait entrer avec lui trente-quatre députés tout à sa dévotion, il était devenu un des orateurs les plus écoutés, et ses adversaires le craignaient tant qu'ils s'efforçaient de l'aimer.

Son implacable ennemi de vingt ans, le prince de Bismarck, venait d'être congédié, précisément à son sujet, pour avoir voulu s'obstiner à le poursuivre. Il avait peu à peu pris les devants, dans la direction du parti, sur son collègue le vétéran Liebknecht, qui jadis, dans une prison de la Saxe, l'avait initié aux doctrines socialistes et avait fait en toute manière son éducation intellectuelle. Ses livres, l'*Histoire de la guerre des paysans*, l'étude sur le *Rôle de la femme*, lui valaient une réputation, d'ailleurs très justifiée, d'historien et de moraliste. Et comme partout son nom était synonyme de probité, de courage, d'abnégation, et comme d'ailleurs il touchait d'assez gros revenus, ayant su bien gérer et vendre plus avantageusement encore sa fabrique de Leipzig, tout concourait pour lui permettre de goûter en paix les bonnes jouissances de la gloire, du pouvoir et de la fortune.

Il fut tout à coup tiré de cette béatitude par un événement imprévu.

Dans un petit journal socialiste de province (de Dresde, je crois), un article parut où on l'accusait de négliger les intérêts du parti dont il s'était fait le maître et de trop confondre sa propre présence au Reichstag avec la complète réalisation de l'idéal socialiste. Un Congrès allait s'ouvrir à Halle pour la détermination de la nouvelle tactique que devait suivre le parti : l'auteur de l'article avertissait les ouvriers du danger qu'il y aurait à remettre trop aveuglément la conduite du socialisme entre les mains de M. Bebel.

La grande colère du Père Duchêne n'était encore qu'une colère d'homme du monde et de Parisien, en comparaison de la grande colère que fit voir en cette occasion l'ancien ouvrier tourneur de Wetzlar. On avait déjà bien essayé autrefois à Magdebourg, dans une réunion socialiste, de lui jeter des cruches de bière sur le nez ; mais il les avait rejetées sur ses contradicteurs, et c'est à lui qu'était resté l'honneur du dernier coup de poing. Cette fois, il jura de faire cesser pour toujours les mécontentements. Il courut au bureau du journal, chassa toute la rédaction, nettoya de la même façon d'autres journaux qui lui semblaient suspects ; et c'est alors qu'il conçut le projet de stériliser à l'avance toute velléité d'opposition de la presse socialiste, en créant à Berlin un journal officiel du parti.

L'auteur de l'article était un jeune écrivain berlinois, M. Bruno Wille. M. Bebel ne négligea rien pour le tourmenter. Il l'accusa naturellement d'être payé par la police. Il défendit aux membres du parti d'avoir aucune relation avec lui ; il le fit exclure de tous les journaux socialistes.

Au Congrès de Halle, les socialistes allemands ne tinrent aucun compte de l'avertissement de M. Wille et se remirent avec pleine confiance entre les mains de leurs anciens chefs ; mais déjà dès ce moment un nouveau parti socialiste s'était constitué à Berlin, qui avait précisément adopté pour programme ce que M. Wille avait dit dans son article du journal saxon.

J'avais assisté, l'automne passé, à une réunion de ce parti : M. Wille n'y était point venu, mais on y avait beaucoup parlé de lui, et je m'étais accoutumé depuis lors à le considérer comme le chef des *jeunes socialistes*. Aussi n'ai-je point manqué, cette année, de m'informer de lui tout d'abord, et ma joie fut vive lorsque j'appris qu'il devait faire une conférence le dimanche suivant, à dix heures du matin, dans une salle du quartier de la Bourse.

II

Après un petit corridor où l'on distribuait des papiers que j'ai pris pour des prospectus, et un corridor plus vaste, où j'ai trouvé sur une table la collection complète des revues et des brochures socialistes, je suis entré dans une grande salle carrée, qui ressemblait à un oratoire protestant bien davantage qu'à un lieu de réunions publiques.

Au fond de la salle, dominant les rangées parallèles des bancs et des chaises, dont il était séparé par un espace vide, un étroit pupitre s'élevait, comme une chaire, et il me sembla voir dans une tribune, sur le côté, un vieillard et des enfants debout autour d'un harmonium.

La salle ne tarda pas à se remplir. Autant

que j'ai pu en juger, c'était un public d'ouvriers et de petits bourgeois ; c'était en tout
cas un public d'habitués, car chacun en s'as-
seyant serrait la main de son voisin ou adres-
sait de loin un salut discret à des figures de
connaissance. Il y avait beaucoup de femmes,
beaucoup d'enfants, une quantité singulière
d'aveugles des deux sexes. Et, les premiers
saluts échangés, on se tenait immobile à sa
place, sans rien dire : tout à fait des gens en-
trés dans un temple et qui attendent le moment de l'office avec le recueillement qui convient.

Je compris bientôt, en effet, que c'était à un
office religieux et non pas à une conférence que
j'allais assister. Car sur un signal je vis tout
le public se lever : le vieillard debout dans la
tribune chanta les premières notes d'un hymne,
et la suite de l'hymne fut chantée par l'assistance entière. Le papier que l'on distribuait à
l'entrée, c'était le texte de l'hymne du jour,
avec l'indication de l'air qu'il fallait y adapter.

Voici le premier couplet de cet hymne : on doit le chanter sur l'air de : *Le meilleur ami*.

« Humanité ! ta vie sacrée n'a besoin d'aucun temple, d'aucun autel ! Ce qui peut donner satisfaction à mon cœur, cela n'est pas révélé d'en haut : c'est le saint rayon de soleil de la vérité qui l'apporte du tréfond de l'âme humaine. »

Et comme je ne connaissais pas suffisamment l'air de : *Le meilleur ami*, pour mêler ma voix à celles de mes voisins, je lus pendant ce temps la fin de l'hymne, et aussi un long épilogue en prose où j'appris que j'assistais à l'office dominical de la *Communauté religieuse libre* de Berlin, que cette communauté existait déjà depuis vingt ans, et que M. Bruno Wille était l'un de ses pasteurs, spécialement chargé de l'enseignement du catéchisme aux jeunes enfants.

Le chant s'arrêta avant la dernière strophe de l'hymne; on se rassit, et un jeune homme tout vêtu de noir vint prendre place sur la petite estrade, devant le pupitre.

Je fus frappé d'abord de sa ressemblance avec l'empereur d'Allemagne. C'était la même taille à la fois svelte et trapue, le même port de tête décidé, le même visage de sergent prussien qui entendrait des voix. M. Bruno Wille avait seulement le menton plus ramassé, les yeux d'un bleu plus limpide, et, en vérité, des manières moins impériales.

Son sermon commença, comme tous les sermons, par la lecture d'un texte sacré. Mais le texte sacré que lut M. Wille n'était tiré ni de saint Mathieu ni de saint Paul, il était emprunté à l'œuvre poétique de M. Wille lui-même, comme aussi probablement l'hymne qu'on venait de chanter.

Et quand il eut fini de réciter son poème, où il s'étonnait, en des vers détestables, de la persistance des préjugés religieux, M. Wille fit semblant de réciter, mais en réalité lut sur des petites feuilles qu'il avait apportées, un long sermon d'une espèce tout à fait extraordinaire.

Il avait pris pour sujet le rôle désastreux de toutes les religions, et en particulier des rites et des cérémonies, pour le développement de l'humanité. Le côté ridicule des messes, des chants pieux, des génuflexions, il ne manqua point de le mettre en lumière; après quoi son ironie s'éleva jusqu'à Dieu même, pour qui tout l'auditoire, les femmes, les jeunes filles, et les petits enfants me parurent nourrir le plus parfait mépris.

Il fit ensuite l'histoire des obstacles apportés depuis deux mille ans par les diverses religions au progrès des lumières; je dois dire qu'un curé de village raconte à ses paroissiens avec plus d'exactitude, et un sens plus clair de la vérité historique, les principaux crimes de la vie privée des hérésiarques, ou encore le détail des erreurs métaphysiques de Voltaire et de Rousseau.

Le sermon finit par des vers, comme il avait commencé. Puis, on chanta la fin de l'hymne et on se sépara, se donnant rendez-vous pour le dimanche suivant, où devait avoir lieu, sous la conduite des pasteurs, une excursion collective vers un village voisin de Berlin : autant dire une procession ou un pèlerinage.

III

Une conversation avec M. Wille ne pouvait plus, après ce que je venais de voir, m'apprendre rien de bien nouveau sur le rôle de ce jeune pasteur dans le mouvement socialiste berlinois. Car j'avais vite compris que ce n'était pas l'ambition, ni le calcul, mais la conviction intime et un profond penchant naturel qui portaient M. Wille à faire ce métier de prédicateur. Il n'y avait rien de commun entre un tel homme et un chef de parti : l'agitation socialiste exigeait une connaissance plus intime des passions humaines, un sentiment plus précis des situations, et enfin une tout autre parole que cette gauche parole de lecteur de mauvais vers, et

do tout autres yeux que ces yeux bleus do
rêveur.

M. Wille n'a plus en effet aucune importance dans le parti socialiste. Il no parlo pas
dans les réunions publiques, il n'écrit pas dans
les journaux, il n'entretient de rapports ni
avec les *vieux socialistes*, qui continuent à
lui garder rancune de son article de l'année
passée, ni avec les *jeunes*, qui so chargent
désormais de poursuivre contre les *vieux* cette
lutte dont il a donné le signal.

Au point de vue théorique non plus, M. Wille
no compte pas dans le socialisme allemand.
Vieux et jeunes, les socialistes allemands sont
tous des marxistes, les jeunes plus strictement
encore que les vieux. M. Wille, au contraire,
est devenu anarchiste, mais d'un anarchisme
qui ne ressemble guère à celui de Bakounine
et de M. Reclus. Son anarchisme est celui de
Tolstoï, attendant tout du libre consentement
universel, et fondé sur ce principe peu révo-

lutionnaire : « N'opposez jamais la violence à la violence, et tendez la joue gauche quand on vous aura frappé sur la droite. »

Il a converti à ce tolstoïsme quelques jeunes littérateurs berlinois, les frères Hart, le dramaturge Gérard Hauptmann, et il a fondé avec eux une petite colonie anarchiste dans un village des bords de la Sprée. C'est là qu'il demeure. Il est marié, père de famille ; il s'est refusé jusqu'ici à admettre les théories matrimoniales de la *Sonate à Kreutzer*. J'ai trouvé en lui un homme d'une douceur parfaite, et tout à fait innocent.

La transformation de la société ne sera possible, d'après lui, que lorsqu'on aura constitué une humanité nouvelle, capable de s'accommoder d'un nouvel état social. Pour préparer cette humanité idéale, il a créé à Berlin un *Théâtre-Libre-Populaire* où, moyennant quelques sous, les ouvriers pouvaient voir représenter des drames instructifs et moraux. Malheureusemont ni les *Brigands* de Schiller, ni les pièces d'Ibsen, de Tolstoï et de M. Hauptmann n'ont eu sur cette scène populaire l'immense succès de quelques vaudevilles qu'on y a joués en dernier lieu ; et M. Wille en sera bientôt réduit à mettre tout son espoir seulement dans les leçons de catéchisme qu'il donne le samedi aux enfants de la *Religion-Libre*. Ce sont des enfants de huit à quatorze ans. Je lui ai demandé ce qu'il leur enseignait ; il m'a répondu : « Les principes de la haute éthique. »

Ses parents, jadis, le destinaient à la théologie, et c'est à grand'peine qu'il put échapper à cette destination. Encore n'y a-t-il échappé que pour y revenir de plus belle, car, tout en diffamant Dieu et en raillant les cultes, il n'est pas autre chose qu'un pasteur protestant. Et peut-être n'était-ce guère la peine d'échanger, comme il l'a fait, le luthéranisme de sa famille pour cette religion extravagante, qui me paraît n'avoir d'autre but que de maintenir sur les ruines de la foi le simulacre des rites religieux :

tels des singes qu'on a longtemps habitués à tourner la roue d'un moulin à café, et qui éprouvent le besoin de la tourner encore lorsque le moulin est vide.

IV

Ne croyez pas cependant que M. Bebel ait eu
tort, l'année passée, de se mettre en colère.
M. Wille désormais ne peut plus rien contre
lui; mais si quelque jour tout le parti socialiste se trouve désorganisé, si M. Bebel lui-
même se voit quelque jour forcé de céder la
place à des nouveaux venus, la première cause
en aura été l'article de cet inoffensif professeur
de catéchisme.

C'est M. Wille qui, avec l'ingénuité d'un
rêveur, a osé donner le signal de la révolte ;
d'autres s'efforcent maintenant de la mener à
bien, tandis qu'il s'amuse, dans sa retraite de

Friedrichshagen, à traduire en vers de mirliton, pour l'édification de ses paroissiens, les doctrines combinées de Tolstoï et du fusilier Boquillon.

CHAPITRE II

LES JEUNES SOCIALISTES
M. WERNER ET SES COMPAGNONS

I

A Friedenau, un morne village de fabriques dans la banlieue de Berlin.

La réunion était annoncée pour huit heures; mais à neuf heures le compagnon Werner, qui devait parler, n'était pas encore arrivé. Une centaine d'ouvriers attendaient patiemment sa venue : les uns attablés dans la cour de l'estaminet, sous d'étranges berceaux de fleurs artificielles, les autres déjà installés à leur place dans la petite salle, et prenant chacun à son tour des chopes de bière blanche sur un plateau que le tavernier transportait lui-même tout le long des bancs.

C'était un vrai public d'ouvriers. Pas un visage qui ne fût noir de la poussière du charbon, pas un qui ne fût encore assombri par cette expression triste et dure, si frappante chez tous les ouvriers de l'Allemagne du Nord. Quelques-uns étaient accompagnés de leurs femmes, qui sans doute étaient venues les rejoindre avec des provisions au sortir de la fabrique, et qui maintenant, silencieuses, les regardaient manger.

La salle non plus n'était pas gaie. J'imagine qu'elle devait servir, en temps ordinaire, pour des bals et des repas de noces; mais seuls des ouvriers allemands peuvent s'accommoder, même pour une réunion socialiste, de murs si blancs, si nus et si froids. Rien que des banquettes alignées et, au fond de la salle, une table où allait siéger le bureau.

Je finis pourtant par découvrir, dans un coin, une œuvre d'art, accrochée là sans doute pour la circonstance : c'était une grande chromolithographie représentant deux hommes en redingote qui, la face tournée vers le public, se serraient la main. Ils avaient déposé à terre leurs chapeaux pour donner plus de solennité à leur poignée de mains ; les deux chapeaux étaient unis par une banderole symbolique portant la phrase célèbre : *Prolétaires de tous les pays, unissez-vous !* Et je vis que ces deux hommes étaient Marx et Lassalle, qui, de leur vivant, s'étaient haïs furieusement.

A dix heures, la salle se remplit. Le compagnon Werner se plaça devant la table, en compagnie de deux ouvriers, un président et un secrétaire, nommés par acclamation.

Le compagnon Wilhelm Werner est un petit homme d'une trentaine d'années, trapu, avec de grands yeux brillants, d'épais cheveux blonds rejetés en arrière, une épaisse barbe blonde faisant collier, et, au total, la mise plutôt d'un étudiant pauvre que d'un ouvrier.

Il n'est d'ailleurs ni ouvrier, ni étudiant, ni même pauvre. Comme M. Allemane, c'est un ancien typographe devenu patron. Les affiches et brochures du jeune parti socialiste sont imprimées dans sa maison ; elles sont vendues chez le compagnon Baginski, libraire, le second chef du jeune parti.

Le troisième chef, le compagnon Wildberger, est tapissier ; j'aurais voulu qu'au lieu de s'occuper comme il fait de l'administration du Théâtre Libre Populaire, la création de M. Bruno Wille, il fît usage de sa profession pour décorer de quelques chiffons de couleur les lieux de réunion de son parti.

J'ai entendu dans d'autres réunions le compagnon Baginski et le compagnon Wildberger : tous deux sont habiles à provoquer l'indignation des ouvriers berlinois contre l'inertie de la fraction socialiste du Reichstag. Il m'a même paru que M. Wildberger avait acquis, sans doute au contact des dramaturges idéologues de l'école anarchiste, une sérieuse érudition littéraire et philosophique.

Mais c'est M. Werner qui est le véritable directeur du parti : c'est lui qui sait le mieux émouvoir un public, le flatter, l'amener degré par degré à être de son avis. Le discours qu'il a prononcé ce soir-là à Friedenau était un chef-d'œuvre d'adresse et de véritable malice: car ce petit homme est avant tout un malin, et je pense que la propagande doit lui faire l'effet d'un tour de passe-passe difficile qu'il s'agit d'enlever prestement.

II

Il avait affaire à des ouvriers de village,
socialistes naturellement, mais socialistes sans
dictinction de parti, et entraînés depuis longtemps à considérer M. Bebel, M. Liebknecht et
M. de Vollmar comme l'incarnation la plus moderne de la Sainte-Trinité. Il comparaissait devant eux non point en chef d'un parti nouveau,
mais simplement en orateur socialiste venu de
Berlin pour soutenir et pour fortifier leur zèle.
Voici à peu près ce qu'il leur dit, d'une voix
très claire et avec peu de gestes, se contentant
de répéter en tête de toutes ses phrases les mots
« *Werthe Genosse* », *mes dignes compagnons !*

Il exposa d'abord la théorie marxiste du capital, telle que tous les orateurs socialistes n'avaient point manqué déjà de l'exposer à ces ouvriers.

« Mes dignes compagnons, dit-il, vous êtes malheureux et c'est bien injuste : mais l'injustice qui pèse sur vous est la conséquence fatale du régime capitaliste. Si l'ouvrier était lui-même en possession des moyens de travail, deux à trois heures lui suffiraient pour gagner les ressources nécessaires à sa subsistance : mais les moyens de travail sont entre les mains des capitalistes, et ceux-ci, maîtres absolus de la situation, font faire à l'ouvrier, en échange de sa subsistance, dix fois plus de travail que ne l'exige l'équité. Il en résulte à leur profit une plus-value monstrueuse, et il en résulte pour l'ouvrier un énorme dommage.

« Les moyens de travail, c'est le capital : une classe le détient contre tout droit. Le devoir de la classe ouvrière est de le lui reprendre. L'injustice ne cessera que par l'*expropriation des expropriateurs.*

« Mes dignes compagnons, vous savez comme moi qu'il en est ainsi. Avant moi d'autres vous l'ont dit : c'est cela que vous ont expliqué les démocrates-socialistes, les compagnons Bebel, Liebknecht, tous ceux qui vous ont rendu la conscience de vos droits et qui ont mis entre vos mains la force de les faire valoir. »

Sur quoi M. Werner a continué à démontrer que la remise du capital entre les mains des ouvriers était le seul moyen de faire cesser les misères du prolétariat. Sans cesse il rappelait la doctrine des députés socialistes, et chacun l'approuvait, et chacun admirait avec lui les mérites de M. Bebel et de M. Liebknecht.

Mais, petit à petit, l'admiration de M. Werner pour les députés socialistes faisait place à quelques considérations sur la façon dont le prolétariat pourrait conquérir le capital.

« Vous avez espéré jadis que cette conquête pourrait s'effectuer par la voie du parlementarisme, mes dignes compagnons ; mais l'expérience vous a déçus. Vous avez nommé au Reichstag trente-cinq députés socialistes, des hommes d'un mérite extraordinaire : non seulement ils n'ont pu obtenir que le capital vous fût restitué, mais ils n'ont obtenu rien du tout, pas même que l'on abrégeât d'une heure votre travail quotidien !

« Et quand ils vous obtiendraient cela, mes dignes compagnons, est-ce que cela aurait quelque importance effective ? Aussi longtemps que le capital sera aux mains de la bourgeoisie, toutes les lois du monde ne vous empêcheront pas de souffrir. Si on oblige vos patrons à ne vous faire travailler que huit heures, ils trouveront le moyen de vous rendre ces huit heures plus dures que le sont aujourd'hui vos douze heures. Vous n'avez rien à espérer du parlementarisme, tel que l'entendent vos députés.

« Et ces députés eux-mêmes, mes dignes compagnons, ne voyez-vous pas comme le parlementarisme vous les a changés ? Le député Vollmar n'a-t-il pas déclaré que les idéals socialistes devaient être indéfiniment ajournés ; et n'a-t-il pas démontré ensuite que ses déclarations étaient conformes aux discours et aux actes de ses collègues Bebel et Liebknecht, depuis l'abrogation des lois contre le socialisme?

« Vous êtes maintenant, en effet, dans une situation nouvelle; le socialisme, naguère à peine né, est désormais tout-puissant; vous n'avez plus qu'à achever de prendre conscience de votre pouvoir et à l'exercer! »

Voilà quel fut le discours de M. Werner. Personne ne s'était aperçu du moment précis où son admiration pour M. Bebel se tournait en dénigrement, et quand à la fin tout le monde s'aperçut que M. Bebel venait d'être dénigré, tout le monde eut en même temps conscience que ce n'était pas sans motifs. Les applaudissements furent unanimes. Mais M. Werner voulut sans doute en prolonger l'effet. Il se fit interpeller par un ouvrier qui, d'un air très ému, lui demanda si par hasard il était l'ennemi du parlementarisme.

« Ce serait pure folie de ma part! répliqua M. Werner. Le parlementarisme est l'instrument le plus précieux pour la propagande socialiste. Mais vos députés ne doivent pas attendre qu'on leur propose des lois soi-disant favorables aux ouvriers. Ils doivent considérer le parlement comme un moyen d'agitation, et sans cesse provoquer de nouvelles élections, et soulever de nouveaux débats, et porter de nouveaux défis à la bourgeoisie capitaliste. »

De M. Bebel et de ses collègues, M. Werner ne dit plus un mot; mais je vis que l'auditoire avait cessé de les considérer comme des personnages surnaturels. Il ne dit pas non plus que lui-même se chargerait à merveille de jouer au Reichstag ce rôle d'agitateur dont il espérait tant d'effet. Mais je vis que chacun des assistants le croyait capable de jouer ce rôle pour le mieux.

III

Les ouvriers de Friedenau étaient mûrs désormais pour le jeune socialisme.

M. Werner et ses camarades avaient déjà préparé de la même façon la majorité des ouvriers de Berlin, de Magdebourg, de Dresde. Ils poursuivent à présent leur campagne dans les provinces.

Je crois qu'ils n'y ont encore rien obtenu, de sorte que les députés socialistes ont beau jeu pour refuser de les prendre au sérieux. Mais je crois aussi que leur propagande est assurée de réussir bientôt dans un grand nombre de pays : car les ouvriers allemands sont une espèce toujours prête à changer de maîtres, et puis il est trop vrai que les députés socialistes n'ont rien fait pour les ouvriers ; et puis enfin on ne peut nier que c'est M. Werner qui soutient aujourd'hui contre M. Bebel la véritable doctrine marxiste.

- Depuis leur avènement au Reichstag et le retrait des lois d'exception, M. Bebel et M. Liebknecht sont devenus des possibilistes : ou plutôt ils ont cessé d'être marxistes sans se résoudre à devenir autre chose. Ils s'opposent aux demi-mesures et ils ne proposent pas de mesures plus complètes. Ils siègent, ils dirigent des congrès, ils touchent le revenu pécuniaire et moral de vingt années d'efforts. C'est M. Werner et les jeunes socialistes qui dorénavant représentent, en Allemagne, les principes que MM. Guesde et Lafargue représentent en France. La discipline seule et le souvenir du passé et l'ignorance du présent maintiennent les marxistes français d'accord avec les anciens chefs du marxisme allemand qui naguère encore, au Congrès de Bruxelles, ont pris la responsabilité des résolutions les plus anti-révolutionnaires.

Il y a une seule différence entre M. Guesde et les jeunes socialistes allemands. C'est que M. Guesde est, dans tout le socialisme contemporain, l'homme le plus désintéressé, le plus étranger à toute ambition personnelle d'honneur ou de fortune ; tandis que je soupçonne M. Werner et ses compagnons d'être moins offusqués par le modérantisme de M. Bebel que par l'excessive durée de sa popularité. « Ote-toi de là que je m'y mette » me paraît être le principe intime du socialisme de M. Werner, qui, avec ses grands yeux brillants et pleins de malice, n'est pas homme à faire fi d'aucune des jouissances de ce monde.

IV

Cela n'empêchera pas sa propagande d'aboutir à plus de résultats qu'on ne croit, cela ne pourra, au contraire, qu'en hâter le succès. Et aux prochaines élections, M. Werner sera député. Mais j'imagine qu'alors il trouvera difficile, à son tour, de ne pas faire comme ont fait ceux qu'il veut remplacer. Et quand M. Werner sera député, j'imagine qu'il y aura de nouveaux Werner pour lui reprocher son modérantisme.

Que dis-je ! ces nouveaux Werner existent déjà. Ce sont les ouvriers mêmes de l'imprimerie de M. Werner. Pour assurer la publication régulière de son journal, *la Tribune du Peuple*, leur patron avait rétabli le travail à forfait, que le Congrès de Bruxelles lui-même a condamné. Il avait aussi renvoyé deux de ses ouvriers qui, au lieu de faire leur besogne, s'étaient mis à chanter la *Marseillaise socialiste* et à crier : « A bas le tyran ! » Le *tyran* c'était lui, M. Wilhelm Werner, le chef des jeunes socialistes, et l'affaire a été portée devant un tribunal professionnel, où M. Werner a comparu en qualité de patron capitaliste.

Et cela s'est passé quelques jours à peine après cette réunion de Friedenau, où il avait flétri en termes si convaincants l'embourgeoisement et la tyrannie des vieux chefs socialistes.

CHAPITRE III

LES ANCIENS
MM. BEBEL ET LIEBKNECHT

I

Le 11 décembre 1890, le député catholique Windthorst avait fait allusion aux *jeunes socialistes* et à la possibilité de prochaines scissions dans un parti jusque-là très uni. Voici ce que lui répondit M. Bebel, avec sa vivacité de parole et son assurance ordinaires :

« Je puis affirmer une chose à M. Windthorst : c'est que les *jeunes* nous causent pour l'instant peu d'ennuis, que la majorité des jeunes est encore avec nous et restera avec nous aussi longtemps que nous ferons ce que nous devons faire. Mais le jour où nous ne comprendrons plus les intérêts du parti de la façon dont le parti les comprendra, ce jour-là tous, les jeunes et les vieux, auront le droit de nous chasser d'ici. J'espère, d'ailleurs, que nous aurons alors nous-mêmes assez de conscience pour leur dire : — « Maintenant, nous sommes incapables de réaliser ce que vous attendez de nous, il est temps que vous nous remplaciez! »

Cet engagement qu'il prenait ainsi, en son nom et au nom de ses collègues socialistes du Reichstag, M. Bebel aura peut-être l'occasion de le tenir un jour, plus tôt qu'il ne le pensait et qu'il ne le pense encore aujourd'hui. Car le moment approche où le parti pourra bien ne plus comprendre ses intérêts de la façon dont les comprennent M. Bebel, M. Liebknecht et la trentaine de députés socialistes qui constituent leur suite fidèle dans le Reichstag de l'Empire.

II

Le mot de *socialisme* n'a qu'un seul sens :
il désigne une doctrine qui demande la suppression du prolétariat et la remise complète de
la richesse et du pouvoir entre les mains de la
collectivité. Mais sur la question de la tactique
à suivre pour atteindre ce but, il y a deux réponses possibles ; et toutes les querelles des
socialistes, lorsqu'elles ne sont pas nées simplement de motifs personnels, ont trouvé leur
source dans l'opposition de ces deux réponses.

On peut soutenir en effet que, pour hâter le
triomphe des prolétaires, il importe de leur
refuser, en attendant, toute soi-disant amélioration de leur condition présente ; plus les souf-

frances sont vives, plus sont fortes la certitude du droit et l'énergie des revendications.

Mais on peut soutenir aussi que l'amélioration du sort des prolétaires, loin de retarder la réalisation de l'idéal socialiste, ne manque pas de le hâter, que l'homme désire davantage à mesure qu'on lui accorde plus de choses, et que rien ne dispose à entendre les théories comme d'avoir les pieds chauds et le ventre bien rempli.

Pour que tous les prolétaires se décident bientôt à ne plus vouloir être des prolétaires, vaut-il mieux qu'en attendant ils continuent à souffrir, ou que leur situation matérielle s'améliore ? A cette question, chaque socialiste répond suivant son humeur, les circonstances où il a vécu, et l'expérience qu'il croit y avoir acquise. Mais à un moment donné, chaque socialiste est tenu d'adopter l'une des deux solutions que cette question comporte : de l'adopter pour y conformer ses actes sinon pour l'exprimer, car il y a au moins une de ces deux solutions qu'il serait imprudent d'exprimer avec trop de franchise.

Et le malheur de MM. Bebel et Liebknecht est qu'ils n'ont pas su se résoudre en temps utile à adopter l'une ou l'autre de ces deux solutions. Maintenant encore, mille raisons les empêchent de prendre nettement parti. Ils n'osent pas adopter franchement une attitude modérée pour ne point paraître renier leurs anciennes doctrines; et d'autre part ni leur âge ni leur situation ne leur permettent plus de garder leur intransigeance de jadis.

A tout moment se trahit leur embarras. Dans le Reichstag, on les voit tour à tour réclamer des lois en faveur des ouvriers, et refuser celles que propose le gouvernement. Au Congrès de Bruxelles, M. Liebknecht emploie ses phrases les plus violentes pour soutenir les résolutions les plus anodines; M. Bebel commence son discours par des considérations révolutionnaires sur la nécessité de la guerre des classes, et termine en conseillant aux ouvriers de chercher l'amélioration de leur condition présente dans une alliance fraternelle avec la petite bourgeoisie.

Cependant les socialistes allemands, sortis enfin de l'ère des persécutions, comprennent de plus en plus la nécessité de choisir entre les deux solutions opposées qui s'offrent à eux. Et les deux solutions trouvent, en dehors de MM. Bebel et Liebknecht, des hommes résolus pour les soutenir et les propager. Les *jeunes socialistes* se déclarent hostiles à toutes les demi-mesures et à toutes les réformes sociales obtenues par la voie parlementaire ; M. de Vollmar, de son côté, proclame la nécessité de ces demi-mesures et de ces réformes, qui, tout en améliorant le sort des ouvriers, doivent avoir pour effet, suivant lui, de préparer la victoire défi-nitive.

Autour des *jeunes socialistes* se groupent les ouvriers des grandes villes, toujours prêts aux opinions extrêmes. La théorie de M. de Vollmar commence à gagner du terrain chez les ouvriers des provinces. MM. Bebel et Lieb-knecht ont encore pour eux la grande majorité des socialistes allemands, mais ils ne sont plus comme autrefois les maîtres absolus du parti.

Ils restent immobiles à mi-chemin entre deux partis qui avancent tous les jours.

Ceux même des ouvriers qui leur demeurent fidèles ne ressentent plus pour eux la vénération superstitieuse qu'ils ressentaient il y a deux ans ; ils ne répètent plus avec autant de confiance cette phrase typique, naguère le dicton favori des socialistes allemands : « Ce que Jésus-Christ a été jusqu'ici, Bebel et Liebknecht le deviendront désormais dans la mémoire des hommes. »

C'est que MM. Bebel et Liebknecht n'ont ni le caractère ni les habitudes qui conviennent pour diriger le socialisme allemand dans la voie nouvelle où il est entré. Ils sont trop les hommes de trente années de luttes et de persécutions. Leur passé les tient. Ils ne peuvent pas se faire à l'idée que le socialisme n'est plus un parti de conspirateurs, sans cesse honni par le bourgeois et traqué par la police. Les circonstances nouvelles les trouvent indécis, déconcertés. Ce sont deux hommes qui ont fait leur temps.

III

Impossible d'imaginer d'ailleurs deux hommes plus différents. L'histoire réunira leurs noms comme nous avons fait, mais seulement parce que l'opposition même de leurs caractères leur a permis pendant trente ans de travailler, sans se gêner l'un l'autre, à une action commune.

Cette opposition se fait voir dans chacun des actes de leur vie.

En mars 1872, tous deux comparaissent devant la Cour d'assises de Leipzig, accusés de haute trahison. Il s'agit pour l'un et pour l'autre de se défendre, et aussi de faire servir le procès à la propagande socialiste. Pendant les quinze jours que durent les débats M. Liebknecht ne cesse pas de discourir : il raconte sa vie, il fait l'histoire du socialisme, il établit de subtiles distinctions entre les doctrines qu'on lui reproche d'avoir et les doctrines qu'il a. Il prend à tout instant des airs de professeur d'Université, entremêlant ses savantes généralisations de lourdes et déplaisantes ironies.

M. Bebel, lui, se contente le plus souvent d'approuver les tirades de M. Liebknecht ; de temps à autre seulement il interrompt le président ou le procureur pour démontrer l'inexactitude d'un fait ou pour énoncer en deux mots une formule très nette, capable à la fois de prouver aux jurés qu'il est innocent, et de prouver aux ouvriers que c'est leur cause qu'il soutient.

Vingt ans plus tard, au Congrès de Bruxelles, l'attitude des deux hommes reste la même, M. Liebknecht fait l'important dans les galeries, il dirige les débats du haut de la tribune, il prend part à toutes les discussions. Dans l'embarrassante question du militarisme, c'est lui qui se charge de masquer sous de belles paroles l'insignifiance des résolutions proposées. De belles paroles, il en a toujours de toutes prêtes, et aussi des paroles haineuses et sarcastiques, comme il convient à l'orateur d'un parti. C'est lui encore qui se charge d'exécuter les indépendants ; à M. Domela Nieuwenhuys, qui a trouvé trop modéré le projet de la Commission, il répond en lui reprochant d'être un ancien pasteur, d'habiter un pays sans importance et de s'être toujours montré un lâche et un hypocrite.

M. Bebel, pendant ce temps, reste immobile à son banc, perdu dans la foule des délégués les plus anonymes. Il suit les débats d'un air timide et ingénu, sa jolie tête grisonnante toujours un peu penchée sur l'épaule. Parfois seulement, lorsque la discussion risque de devenir sérieuse, lorsqu'il prévoit la possibilité d'allusions gênantes ou de questions indiscrètes, le petit homme se lève, un silence se fait dans l'énorme salle, et, sur la proposition de M. Bebel, l'assemblée décide de passer au vote sans plus entendre aucun orateur nouveau.

De même encore lorsque M. de Vollmar a naguère prononcé son fameux discours où il affirmait la possibilité d'une action parlementaire du parti socialiste, c'est M. Liebknecht qui a pris sur lui d'excommunier ce trop sincère collègue. M. Bebel, au contraire, a lontemps refusé de se prononcer : il est resté l'ami de M. de Vollmar, il est allé passer chez lui ses vacances de juillet ; à peine s'il avoue devant quelques intimes que son collègue Vollmar est un ambitieux n'ayant d'autre rêve que de le remplacer.

IV

Ainsi, pendant ces trente années de leur action commune, MM. Bebel et Liebknecht se sont partagé la tâche, ou plutôt la tâche s'est trouvée naturellement partagée entre eux.

L'un et l'autre avaient quelques-unes des qualités qu'il fallait avoir pour mener à bien la propagande socialiste parmi les prolétaires allemands. M. Liebknecht était par essence le professeur, l'homme des théories et des idées générales. C'était aussi le vieil étudiant de 1848, toujours porté aux mesures violentes, prompt à l'injure et à la provocation. M. Bebel était l'homme de l'action pratique et du bon sens prudent ; c'était l'ancien ouvrier qui de bonne heure était devenu un bourgeois, et dont la finesse naturelle s'était encore développée sous l'effet des circonstances.

J'ajoute que tous deux, M. Bebel et M. Liebknecht, ont apporté au service de la cause socialiste une ardeur de conviction et un zèle infatigables.

M. Liebknecht n'a pas cessé un moment d'être séduit par les phrases qu'il débitait ; il est resté à soixante-cinq ans le révolutionnaire exalté qu'il était en 1848, lorsqu'il quitta Zurich pour accourir à Paris, avec le ferme désir de parler et de se faire tuer sur les barricades.

Et, pareillement, je crois que M. Bebel n'a jamais cessé d'aimer l'action pour l'action. Aussi longtemps qu'a duré l'ère des persécutions, il a soutenu, raffermi, dirigé, d'un bout à l'autre de l'Allemagne, l'effort du parti. Il avait, pour le soutenir lui-même, la vigoureuse foi de tous les hommes d'action ; pendant vingt ans il a toujours été sûr de la victoire du socialisme, et aujourd'hui encore les divisions l'irritent d'autant plus qu'il voit plus prochaine l'heure du dernier triomphe.

Mais aujourd'hui l'action commune où tous deux s'étaient employés se trouve, grâce à leurs soins, terminée. Les lois d'exception sont supprimées, le parti socialiste compte des millions de voix dans l'Empire, il compte au Reichstag trente-cinq députés. Il est désormais une force reconnue. Il doit agir au grand jour, prendre résolûment sa place parmi les partis, se choisir avant tout une tactique nouvelle.

La première conséquence de ce changement a été de clore le rôle de M. Liebknecht. Les belles paroles et les invectives et les sorties imprudentes sont dorénavant inutiles, et comme M. Liebknecht n'avait pas autre chose à offrir au parti, le parti s'est habitué à ne plus le prendre au sérieux. On le charge maintenant de présider les distributions de prix aux enfants des écoles socialistes, de fêter les anniversaires, de parler dans les congrès; on le laisse s'emballer tantôt dans un sens, tantôt

dans l'autre, mais avec l'intention bien arrê-
tée de le désavouer s'il y a lieu. On songe à
lui retirer la direction du *Vorwærts*, le journal
officiel du socialisme. On le traite comme un
vieillard sans importance : et comme il est
pauvre et que ses collègues sont riches, et
comme il compte autant d'ennemis dans tous
les partis que ses collègues y ont d'amis, je
n'ai pas de peine à comprendre pourquoi il
paraît aujourd'hui si plein de fiel et si morose.

M. Bebel, de son côté, ne pouvait manquer
de devenir un autre homme après la grande
victoire de son parti. Ancien ouvrier, il se
voyait désormais un des personnages les plus
puissants de l'Empire. Et cette fatigue, qu'il
n'avait point ressentie pendant les trente années de sa vie de luttes et de misères, peut-
être en a-t-il été pris tout d'un coup lorsqu'une
vie plus heureuse s'est ouverte devant lui. Le
désir lui est venu, sans doute, de régner en
paix sur les millions d'hommes qu'il avait con-
quis à sa cause. Et c'est pour ne s'être pas tout
de suite préoccupé de recommencer la lutte

avec des armes nouvelles, que cet homme d'un mérite incomparable a cessé d'être le cœur et l'âme du socialisme allemand, et qu'il hésite aujourd'hui entre le parti de la modération et le parti de la violence, tandis que l'un et l'autre parti progressent sous d'autres chefs, et vont s'accoutumer peu à peu à se passer de lui.

CHAPITRE IV

M. DE VOLLMAR

I

De Munich à la station de Starnberg, les
wagons sont bondés et le train marche vite.
Avec son grand lac bon enfant, ses collines
semées de lourdes villas et ses innombrables
restaurants, Starnberg est un lieu de villégia-
ture poétique et commode où tout vrai Muni-
chois ne manque pas d'aller au moins une fois
l'an. Mais à mesure que la ligne du chemin de
fer s'avance vers le Tyrol, les voyageurs se
font plus rares et la marche du train se ralentit.
A Tutzing, il y a une heure d'arrêt ; il faut
une heure encore pour aller de Tutzing à Penzing ; et l'on comprend fort bien que le che-

min de fer ne continue pas au delà de Penzing, car au delà se dresse, barrant la route, la masse bleue des Alpes.

Cette masse, pourtant, que l'on croyait toute proche, semble s'éloigner dès qu'on veut l'atteindre. Avant d'y parvenir, la carriole doit errer des heures et des heures, traverser des villages et des bourgs, côtoyer le gracieux petit lac de Kochel, où l'abbé Kneipp guérit toutes les maladies par le seul usage de l'eau, et maintes fois s'arrêter à la porte de rustiques auberges, pour laisser aux chevaux le temps de souffler et au cocher le temps de se rassasier.

Enfin l'on arrive au pied des Alpes : et c'est alors un chemin qui monte tout droit, un chemin si raide que souvent le cocher refuse d'y aventurer sa bête. Mais le spectacle qu'on découvre au sommet de la montagne suffit à récompenser de bien des fatigues.

Fermé de tous côtés par les Alpes, comme par les gradins réguliers d'un cirque, un grand lac sombre s'allonge, immobile. Pas un bateau sur le lac, pas un village sur la rive, nulle trace que des hommes aient jamais pénétré là. Rien que de noires forêts de sapins qui couvrent les montagnes tout à l'entour, et qui descendent à quelques mètres du bord, laissant à peine l'espace d'un sentier.

C'est le Walchensee, celui de tous les lacs du Tyrol que le roi Louis II préférait, pour la tragique grandeur de sa solitude. Mieux qu'une muraille, son enceinte de montagnes le met à l'abri des curiosités indiscrètes. Les touristes l'ignorent ; les Bavarois l'aiment peu, le trouvant sans doute trop funèbre et d'un abord trop malaisé : des années se passeront avant qu'on ait l'idée d'y établir un casino. Et je ne connais pas d'endroit où l'on ait le sentiment d'être si loin des hommes.

A mesure qu'on descend de la montagne, cependant, on s'aperçoit que les bords du Walchensee ne sont pas absolument déserts. On distingue, à l'extrémité opposée du lac, deux ou trois cahutes de pêcheurs éparses parmi les arbres ; et plus près, juste au débouché de la route, on voit une maison blanche dans le style scandinave, avec des balcons de bois peints à tous les étages.

C'est dans cette maison que demeure six mois de l'année, tout le temps que sa charge ne le retient pas à Berlin, M. Georges-Henri de Vollmar, député socialiste de la seconde circonscription de Munich au Reichstag de l'Empire allemand.

II

M. de Vollmar est né en 1850, à Munich, d'une des plus vieilles familles de la Bavière. Les Pères Bénédictins d'Augsbourg se chargèrent de lui apprendre, jusqu'à quinze ans, tout ce que devait savoir un jeune aristocrate pour devenir un galant homme et un bon officier. En 1865, il s'engagea comme enseigne dans un régiment de cavalerie ; c'est en qualité de lieutenant qu'il fit, l'année suivante, la campagne d'Autriche. Mais quand la campagne fut terminée, le jeune homme ne put se résigner à l'inutile vie de l'officier en temps de paix. Il quitta l'armée de son pays, se rendit à Rome et vint offrir son épée au Pape, qui recrutait alors un régiment de volontaires.

Il ne reprit sa place dans l'armée bavaroise qu'en 1870, pour la campagne de France. Il traversait la Loire près de Blois, à la tête d'un corps de télégraphistes, lorsqu'il fut blessé d'un coup de fusil. Il voulut continuer d'avancer, tomba sur des pierres, se brisa les deux jambes : la fracture, compliquée d'une lésion de l'épine dorsale, était inguérissable. M. de Vollmar avait alors vingt et un ans. Jamais depuis il n'a pu marcher sans s'appuyer sur deux cannes, et aujourd'hui encore le moindre de ses pas coûte un effort douloureux à ses pauvres jambes tordues.

Pendant les longues années que dura son traitement, il voulut compléter l'instruction que lui avaient donnée les Pères Bénédictins d'Augsbourg. Il paraît avoir pris la chose très à cœur, comme tout ce qu'il fait : car il n'y a pas une science ou un art dont il ne se soit approché. Il s'entend à l'algèbre comme à l'économie politique ; il a lu tous les écrivains qu'on peut lire, les classiques et les contemporains :

il s'est occupé de musique et de peinture ; et je crois qu'il n'y a pas une langue en Europe qu'il ne sache parler.

Mais le résultat le plus important de ses études fut pour lui la perte des croyances qui l'avaient conduit à Rome en 1867, et leur remplacement par une croyance fervente dans le nouvel Évangile que Karl Marx venait de révéler au monde.

Quand M. de Vollmar sortit de l'hôpital militaire, il était socialiste ; il n'eut point de cesse qu'il n'eût sanctionné sa conversion par quelques actions effectives. En 1876, quittant la Bavière, pas assez mûr encore pour le socialisme, il prit à Dresde la direction d'un journal qui était alors l'organe le plus téméraire du jeune parti. Il fut une des premières victimes du système de répression inauguré, l'année suivante, par M. de Bismarck. Jusqu'au jour où son journal fut définitivement supprimé, il ne sortit de prison que pour y rentrer, et la suppression de son journal coïncida pour lui avec une nouvelle condamnation.

M. de Vollmar employa ses années de prison à continuer ses études, comme il avait fait dans ses années d'hôpital. Il les continua encore en Suisse, où il s'enfuit sa peine achevée, et à Paris, où il vint ensuite demeurer. Il travaillait dans nos musées et nos bibliothèques, en 1881, lorsqu'il apprit qu'une circonscription saxonne l'avait élu au Reichstag : élection qui, d'ailleurs, ne l'empêcha pas de passer de nouveau une quinzaine de mois en prison.

En 1884, c'est Munich qui le réélut : c'est encore Munich qui l'a réélu, en 1890, au premier tour de scrutin, avec 20.000 voix, lui donnant pour collègue le cabaretier Birk, un excellent homme qui n'avait pas d'autre titre que d'être socialiste comme lui, et son fidèle ami.

En même temps qu'à Munich, il était élu à Magdebourg. Il aurait été élu dans toutes les circonscriptions socialistes de l'Allemagne où il se serait présenté, car son nom égalait en popularité ceux de M. Bebel et de M. Liebknecht. Il complétait la trinité sainte des héros du parti.

Cet honneur, du reste, lui revenait de droit. Moins bruyant et moins répandu que ses deux collègues, il n'était pas moins actif pour le bien de la cause. Il avait subi sa large part de prison et d'exil. Il avait amené au socialisme les ouvriers bavarois et aussi un grand nombre d'ouvriers suédois, avec lesquels les hasards de sa vie l'avaient mis en rapport. Les articles qu'il publiait dans les journaux étaient, comme tout ce qu'il écrit, des modèles de convaincante clarté. Et son éloquence était de celles qui ne manquent jamais leur effet : car avec une voix très vibrante et quasi impérieuse, il savait donner une allure oratoire aux raisonnements les plus précis, sans avoir jamais besoin de gâter leur précision par une seule phrase inutile.

Le 9 juin 1891, M. de Vollmar rendit compte de son mandat dans l'énorme salle de l'Eldorado, à Munich. Il dit à ses électeurs que la disgrâce de M. de Bismarck, le retrait des lois d'exception et la victoire des socialistes aux dernières élections avaient désormais changé la situation du parti et ainsi lui avaient imposé des devoirs nouveaux.

Pendant dix ans les députés socialistes n'avaient pas cessé de dire au gouvernement : « Retirez les lois d'exception et nous verrons s'il y a moyen de travailler avec vous à l'amélioration du sort des prolétaires. » Il s'agissait maintenant de tenir cette promesse. Le parti devait, sans rien oublier de son idéal, profiter, en attendant, de sa force au Reichstag pour imposer des lois en faveur des ouvriers.

Ces lois possibles et urgentes, M. de Vollmar les énumérait. C'étaient : 1° la protection du travail par la fixation légale d'un maximum d'heures et d'un minimum de salaire ; 2° la suppression de toute entrave à la liberté de réunion, notamment en ce qui concerne les coopérations ouvrières ; 3° l'interdiction des accaparements ; 4° la levée des impôts et tarifs douaniers sur les matières indispensables à la vie. Pour le reste, il demandait aux ouvriers de prendre patience : il leur recommandait de s'unir plus étroitement, de se créer des armes pour le combat et de préparer de leur côté la défaite du capital.

Ce discours fut applaudi par les ouvriers de Munich, qui n'y virent rien de contraire à l'orthodoxie du parti. Mais les socialistes berlinois s'en émurent et aussi la presse étrangère. On en vint à représenter M. de Vollmar comme un renégat vendu à l'Empereur et n'ayant d'autre rêve que de devenir ministre.

Ce ne furent point, d'ailleurs, les déclarations essentielles de M. de Vollmar qu'on fit valoir contre lui. On se borna à relever dans son discours quelques phrases dites en passant sur la question militaire. M. de Vollmar, en effet, après avoir répété que le socialisme tenait à devenir un parti international, avait ajouté qu'en attendant les socialistes allemands étaient intéressés comme le reste du peuple au maintien de l'intégrité de l'Empire, et que si la Russie, par exemple, comptait sur l'appui des socialistes allemands au cas d'une guerre avec l'Allemagne, il importait de la détromper.

Voilà à peu près tout ce qu'il y avait de sérieux à ce sujet dans ce fameux discours dont j'ai le texte imprimé sous les yeux. Et la vérité est que, non seulement ces déclarations n'étaient pas nouvelles dans la bouche de M. de Vollmar, mais que tous ses collègues du Reichstag, qui maintenant s'en montraient scandalisés, avaient dit à maintes reprises des choses infiniment plus capables d'être accusées de *chauvinisme*.

« L'annexion de l'Alsace-Lorraine est désormais un fait accompli, disait, le 9 février 1891, le député Auer... Nous ne nous lasserons pas de le répéter : les socialistes ont les mêmes devoirs envers la patrie que les autres citoyens. » — « En ce qui concerne la défense de la patrie, tous les partis sont d'accord, » disait, le 16 mai 1891, M. Liebknecht, qui depuis a flétri de toute sa rancune les paroles de M. de Vollmar. Et il ajoutait : « Si la France nous fait la guerre, elle n'a à compter en Allemagne sur la sympathie d'aucun de nous : les socialistes auront alors le seul devoir de marcher au combat. » Et M. Bebel lui-même, toujours ennemi des déclarations trop catégoriques, n'a pas manqué de reconnaître que la triple alliance était un fait nécessaire et qu'il serait criminel de rêver sa dissolution.

Ce n'est donc pas ses quelques phrases sur

la question militaire qui ont en réalité valu à M. de Vollmar d'être peu à peu renié par tous les chefs du parti socialiste. Ce n'est pas à elles qu'il doit d'avoir été publiquement qualifié de traître au Congrès de Bruxelles, sans qu'un seul de ses collègues ait eu l'idée de le défendre. Son véritable crime a été tout autre.

Sa disgrâce vient de ce qu'il a le premier osé avouer carrément que le temps des phrases était passé, que le socialisme n'était plus un parti de conspirateurs s'armant dans l'ombre, et qu'il y avait désormais à marcher au but par des voies nouvelles. « Le socialisme a été jusqu'ici une secte et une école, disait-il. Il est devenu chez nous aujourd'hui un grand parti. Il doit cesser de s'en tenir aux déclarations générales et à la négation de parti pris. Le travail pratique est plus difficile que la démonstration pure et simple ; mais notre force même nous impose le devoir de travailler d'une façon pratique. »

C'est cette courageuse franchise qui a séparé M. de Vollmar de la plupart de ses collègues du Reichstag. L'énergie d'avouer qu'il fallait désormais changer de tactique, et obtenir du parlementarisme ce qu'il pouvait donner, cette énergie a manqué à M. Bebel comme à M. Liebknecht, et M. de Vollmar seul l'a eue. De là ce déchaînement de sonores indignations et de sourdes rancunes.

IV

Comment M. de Vollmar a eu cette énergie, on le comprendra un peu, je pense, si l'on veut se rappeler l'endroit où il demeure, le nom qu'il porte, et la suite des événements principaux de sa vie.

La vue du lac de Walchensee n'est pas faite pour inspirer le respect des passagères opinions des hommes : j'imagine qu'elle aura encouragé M. de Vollmar à dire en pleine franchise ce qu'il croyait la vérité. Et puis on n'a point dans ses veines le sang qu'il a, on n'a pas été toute sa vie l'homme d'action qu'il a été, pour se résigner maintenant à rester les bras croisés, commodément installé dans un fauteuil du Reichstag, tandis que l'on voit devant soi l'occasion d'agir. M. de Vollmar n'était ni d'un caractère ni d'un âge à accepter un tel repos. Il agira seul à la session prochaine, si personne ne veut l'aider.

Mais chacun au contraire voudra l'aider, sitôt le premier malentendu oublié.

Déjà les ouvriers de Munich et de la Haute-Bavière lui ont promis leur appui. Et peu à peu les ouvriers des autres régions en viennent d'eux-mêmes à penser tout ce qu'il a dit ; chaque jour les chefs du parti sont plus nettement invités par leurs électeurs à abandonner les vaines démonstrations pour le travail pratique. L'attitude modérée qu'ont prise les délégués allemands au Congrès de Bruxelles, l'intention qu'ils ont manifestée de réclamer l'amélioration graduelle du sort des ouvriers, leur refus de voter aucune déclaration précise sur l'attitude des socialistes en cas de guerre : tout cela, ce sont les idées de M. de Vollmar qui se sont imposées déjà à ceux même qui le considèrent encore comme un renégat vendu à M. Miquel,

C'est entre les mains de M. de Vollmar que se trouve l'avenir du parti socialiste allemand : de ce qu'il fera aux séances prochaines du Reichstag dépendront les chances de victoire ou de défaite du prolétariat.

Et j'avoue que j'en ressens une joie sincère. Tous les socialistes que j'ai vus en Allemagne sont au demeurant d'assez petites gens : lui seul m'a paru un homme.

Je n'oublierai jamais la surprise que j'ai eue dernièrement au musée de Bruxelles en revoyant le beau portrait du duc d'Albe par Antonio Moro : c'était absolument le portrait de M. de Vollmar, avec le même visage allongé, les mêmes cheveux drument plantés, le même nez mince et droit, la même moustache tombante et la même barbiche effilée, et dans les yeux le même regard volontaire et tranquille. Après cela le duc d'Albe n'était peut-être pas l'homme à qui M. de Vollmar se soucie le plus de ressembler ; et je connais de lui d'autres portraits où il a vraiment une fâcheuse figure. Mais ce portrait-là n'exprime rien que le mépris de l'opinion des hommes et le désir de ne point s'arrêter sur le chemin une fois choisi : deux qualités qui sont aujourd'hui plus rares qu'aux temps de Marguerite de Parme, et dont il m'a semblé retrouver la trace chez le solitaire châtelain du lac de Walchensee.

LES SOCIALISTES BELGES

LES SOCIALISTES BELGES

CHAPITRE PREMIER

M. ANSEELE ET LE VOORUIT

I

Ce n'est guère le lieu ici, à propos de M. Anseele et de son *Vooruit*, de raconter l'histoire de Jacquemart d'Artevelde et des Gantois du quatorzième siècle. Je ne puis cependant m'empêcher de me rappeler cette histoire, et non pas telle que se la disputent les historiens, depuis Froissart jusqu'à M. Juste, mais telle que, l'autre jour, elle m'est apparue, à Gand, dans l'ombre des petites rues qui séparent le Beffroi de la place du Vendredi.

C'est sur cette place que, certain soir d'été de 1336, Jacquemart d'Artevelde, grand doyen des cinquante-trois métiers de la ville et capitaine des milices, convoqua le peuple de Gand, au son de toutes les cloches du beffroi.

De taille moyenne, les cheveux et la barbe blonds, avec des petits yeux mobiles qui de temps en temps laissaient transparaître le reflet d'une flamme intérieure, ce gentilhomme brasseur d'hydromel sut parler à ses concitoyens comme il fallait leur parler.

« Compagnons, leur dit-il, voici que votre misère s'est encore aggravée. Pour répondre aux provocations du comte d'Artois et du roi de France, qui sont vos maîtres personne ne sait pourquoi, le roi d'Angleterre vient d'interdire aux draps flamands l'entrée de son royaume. C'est votre ruine assurée, si vous ne consentez pas à vous charger vous-mêmes de votre salut. Mais il vous suffira, pour vous sauver,

d'un peu de courage et de bonne volonté. Unissez-vous, n'ayez souci que de votre intérêt, et
prenez dans vos mains le gouvernement de
votre pays. »

Les Gantois obéirent à Artevelde. Ils le
nommèrent leur *ruwaerd*, gardien de leur
repos : et pendant huit ans il n'eut pas d'autre
soin que de le bien garder. Il organisa un parti
populaire qui tint en respect toute l'Europe.

Les historiens s'étendent sur les détails de
sa politique, mais la vérité est qu'il n'aima
jamais à s'occuper de politique. Son seul but
était d'assurer le bien-être et la prospérité matérielle du peuple flamand. Lorsque les *puissants de Flandre,* suivant l'expression de
Froissart, *s'avolaient* pour aller joindre ses
ennemis, il laissait à leur famille la moitié de
leurs revenus et faisait entrer l'autre moitié
dans le grand Trésor national. En 1345, la
veille de sa mort, il put dire sans mensonge à
ses compatriotes : « Toute marchandise était
périe en ce pays : je vous la recouvrai. Et après
vous ai gouvernés en si grande paix que vous

avez eu toutes choses à volonté : blé, laines, avoir et toute marchandise. »

Cela n'empêcha point, d'ailleurs, ses compatriotes de le tuer ; mais, comme dit encore Froissart, *pauvres gens l'amontèrent, et méchants gens le tuèrent.*

Ce sont aussi les pauvres gens qui ont élevé M. Anseele : et, comme jadis Artevelde, ils l'ont élevé très haut. Il n'y a pas dans les villes des provinces flamandes un ouvrier qui ne le connaisse et qui n'ait le fond du cœur rempli de vénération pour lui ; aussi bien il n'y a guère un ouvrier que lui-même ne connaisse par son nom et avec lequel il n'ait plus d'une fois trinqué. Depuis quinze ans il ne s'est pas arrêté un seul jour de travailler au succès de l'idée socialiste, par la parole et par l'action.

C'est un homme jeune encore, de taille moyenne, avec une barbe et des cheveux blonds, et deux petits yeux mobiles qui, de temps à autre, laissent transparaître le reflet d'une flamme intérieure. A demi bourgeois, à demi prolétaire, il sait parler aux ouvriers comme il faut leur parler. En flamand et aussi en français, ses images ont une netteté, une justesse, une chaleur singulières. Et le parti qu'il a organisé est aujourd'hui si puissant qu'il tient en respect les forces coalisées de l'Église, de la royauté et du capital.

C'est que M. Anseele est par essence un organisateur. Du jour où, errant dans les rues de Londres en quête d'un emploi, il entendit par hasard une conférence socialiste et fut converti, il n'a point cessé de songer aux moyens pratiques d'armer pour la lutte les ouvriers de son pays. Et comme, au contraire de Marx dont il se croit le disciple, il répugne d'instinct à la politique et aux crises révolutionnaires, il a su concevoir et réaliser un admirable système de réforme pacifique, où l'amélioration du sort présent des ouvriers marche de pair avec l'active préparation de leur triomphe futur.

On a souvent décrit le *Vooruit*, ce grand

ensemble de consommation et de production coopératives qu'il est parvenu à fonder, sans autres ressources au début que l'apport de quelques pauvres gens.

Au contraire des *Trade's Unions* d'Angleterre, où seuls peuvent entrer les ouvriers riches, le *Vooruit* est une œuvre toute démocratique : elle est entièrement fondée sur les revenus d'une boulangerie qui fabrique le pain au plus juste prix, et le vend quelques centimes plus cher que le prix de revient. Toutes les semaines, les ouvriers paient d'avance leur pain ; on calcule, la semaine finie, ce que le pain a coûté à produire, et le surplus de l'argent versé constitue un bénéfice que les ouvriers se partagent, en proportion de la quantité de pain qu'ils ont prise.

Mais c'est un bénéfice qui ne leur est point rendu en argent : il leur donne droit seulement à s'approvisionner au *Vooruit* de toutes les marchandises dont ils peuvent avoir besoin : viande, beurre, bière, cigares, vêtements, chaussures, etc., etc., le tout fabriqué ou apprêté sur les fonds de la caisse du *Vooruit*, c'est-à-dire au plus juste prix, et sans que nul patron intervienne entre les producteurs et les consommateurs.

Tout cela réalise déjà une façon d'organisation socialiste, d'autant plus que le *Vooruit* se charge de nourrir gratuitement les ouvriers malades, les veuves et les orphelins. Les ouvriers qu'il emploie n'ont jamais à travailler plus de neuf heures : ils sont mieux payés que les ouvriers des meilleures fabriques appartenant à des particuliers. Et non seulement le *Vooruit* est en soi un petit état socialiste : il agit au dehors, par le fait même de sa terrible concurrence, pour faire baisser le prix des vivres, améliorer en mille manières la condition matérielle des ouvriers gantois.

M. Anseele, qui a eu le mérite d'organiser cet ensemble, n'en est pourtant pas l'inventeur. La Belgique, de tout temps, a été la patrie de la coopération : à Gand comme partout, les sociétés coopératives existaient bien avant que

M. Anseele ne créât le modèle du genre. Encore le *Vooruit* lui-même se trouve-t-il aujourd'hui dépassé, en tant que société centrale coopérative, par la Société de Bruxelles, par exemple, constituée plus tard et avec divers détails plus parfaits.

Mais ce que l'on a toujours négligé de remarquer, et ce qui est le véritable mérite de l'œuvre de M. Anseele, c'est que le *Vooruit*, en même temps qu'il est destiné à améliorer la situation présente des ouvriers, sert aussi à la propagande et au développement des idées socialistes. Là est son but essentiel. Le *Vooruit* ne doit pas seulement contribuer à faire vivre l'ouvrier à moins de frais et avec plus de bien-être ; il doit encore et surtout éveiller, entretenir en lui le sentiment de ses droits et lui donner un jour le moyen de les faire valoir. En même temps qu'une fabrique et un magasin, il est aussi une école, l'arsenal aussi d'une armée nouvelle.

Inutile de dire que cette organisation morale repose uniquement, comme l'organisation matérielle, sur les recettes de la boulangerie. C'est un pain socialiste que M. Anseele fait manger aux ouvriers gantois. Une partie des bénéfices est prélevée au profit de la caisse du *Vooruit*, et ainsi se forme peu à peu un fonds de propagande, un trésor sagement entretenu, précieux aujour-d'hui pour la résistance comme il pourra l'être bientôt pour l'attaque.

C'est avec cet argent que s'imprime le journal socialiste flamand, le *Vooruit*, une petite feuille de deux centimes, toute pleine de renseignements sur les progrès du parti, de conseils pratiques, de simples et saillants exposés de la doctrine socialiste : c'est avec cet argent que s'impriment d'innombrables brochures en flamand et en français, des romans populaires et des pamphlets et des manuels d'histoire, toujours expressément destinés à répandre et à encourager parmi les ouvriers le désir de la lutte. C'est l'argent du *Vooruit* qui permet aux ouvriers de faire durer les grèves jusqu'à ce qu'ils aient obtenu des patrons les concessions qu'ils réclament.

Et c'est encore cet argent qui a servi à construire la citadelle du socialisme flamand, dans une rue au centre de Gand, tout près de la place du Vendredi, où s'élève la statue d'Artevelde.

Impossible d'imaginer un lieu plus approprié à sa destination : tout s'y trouve de ce qui peut contribuer à unir et à organiser les forces du parti.

Au rez-de-chaussée, un vaste café, une belle salle très claire, décorée de vives couleurs, avec une foule de devises héroïques se déroulant sur les murs. La bière qu'on y débite est la meilleure de la ville ; on peut y déjeuner, y dîner, pour le plus juste prix ; seul l'alcool y est interdit. Et cela n'empêche pas les tables de ce café d'être envahies tous les soirs, et il n'y pas à Gand d'estaminet qui, le dimanche, soit plus fréquenté.

Aux étages supérieurs, ce sont de grandes et de petites salles, où toutes les semaines les ouvriers se réunissent ; chaque corporation a son jour spécial ; de temps en temps, M. Anseele, ou quelqu'un de ses amis, fait une conférence ; d'autres fois, le *Vooruit* donne des fêtes, des concerts, des bals pour les jeunes ouvriers et des bals pour les enfants.

Ainsi la maison du *Vooruit* attire peu à peu tous les ouvriers gantois : elle devient pour eux comme un second foyer, un foyer plus orné et plus chaud, où ils peuvent plus commodément se reposer des fatigues de leur tâche.

Et la maison du *Vooruit*, sans même qu'ils s'en aperçoivent, les raffermit dans leur socialisme : car elle est, cette maison, tout imprégnée de l'âme de M. Anseele, et aucun de ceux qui y pénètrent ne saurait échapper à son influence. A toute heure du jour, dans les salles du haut et dans le café du rez-de-chaussée et dans les cours et dans les magasins, on voit passer, le chapeau de feutre mou sur l'oreille, ce petit homme souriant, qui connaît tout le monde, qui appelle chacun par son prénom, et qui devine du premier coup ce qu'à chacun il faut dire.

Dans son action personnelle est le véritable secret de sa force. On l'a bien vu récemment, lorsque le parti catholique, pour nuire au *Vooruit*, a créé une société du même genre, mais offrant aux ouvriers des bénéfices supérieurs et payés en argent: l'immense majorité des ouvriers du *Vooruit* a refusé les avantages qu'on lui proposait pour rester avec M. Anseele.

C'est bien une armée socialiste qui se trouve aujourd'hui constituée à Gand ; l'idée socialiste est désormais aussi précieuse aux prolétaires gantois que le pain qu'ils mangent.

IV

Au Congrès de Bruxelles, à peine si M. Anseele s'est montré un instant : il suivait les discussions, caché dans un coin de la salle, obser-
vait toute chose de ses petits yeux à demi for-
més, et accueillait les interminables discours et
leurs interminables traductions avec son éternel sourire bon enfant. Mais le septième jour,
lorsque les phraseurs de tous les pays eurent
fini de débiter leurs phrases, il les a conduits à
Gand et, sans rien leur dire, il leur a fait voir
son *Vooruit*.

Je doute qu'il y ait mis de l'ironie ; car son
âme est simple et pleine de respect. Mais je ne
sais point de contraste plus frappant que celui
de ces socialistes allemands et français discutant

à perte de vue sur de vaines formules, et de ce socialiste flamand qui, sans solliciter le secours de personne, sans attendre l'intervention de l'État, s'est chargé de réaliser dans son pays toute la part réalisable de l'idéal socialiste.

Supérieur aux livres de Marx et aux discours de M. Bebel, son *Vooruit* est en effet le plus sérieux effort d'organisation qu'ait jusqu'à présent tenté le socialisme. A cinq siècles d'intervalle, c'est le rêve de Jacquemart d'Artevelde qui renaît, le rêve d'un État économique se constituant en dehors de toute intervention du dehors, avec, pour seule fin, l'acquisition du maximum possible de bien-être matériel.

Malheureusement, comme le dit Michelet, « Artevelde, avec toute sa popularité, n'était au fond que le chef des grosses villes ». Là est aussi le malheur de M. Anseele. Il a façonné à sa guise les ouvriers des grosses villes flamandes, Gand, Bruges, Courtrai ; mais les gens des campagnes lui échappent, longtemps

encore lui échapperont, soucieux de leur autonomie individuelle, dominés aussi par l'influence
des prêtres.

Et quand même M. Anseele réussirait dans
son entreprise de convertir les campagnards
flamands, son œuvre n'en serait pas moins li-
mitée à un petit pays : une œuvre toute locale
et sans action au dehors, quelque chose
comme ces *familistères* que se divertissent à
créer, dans tels coins de nos provinces, des industriels philanthropes. Le jour où la Belgique
entière voudrait s'organiser sur le modèle du
Vooruit, l'étranger aurait vite fait d'intervenir
et de mettre à néant ses efforts.

En dehors des villes flamandes, le *Vooruit*
ne peut offrir d'autre importance que celle
d'une expérience socialiste tentée en petit dans
un laboratoire, et conduite à merveille. Pour
réaliser en grand une organisation socialiste
conforme au petit modèle du *Vooruit*, il faudrait
avoir, avec mille autres qualités et sans compter le concours des circonstances, toutes les
qualités qui ont assuré le succès de l'œuvre de

M. Ansoolo. Et jo crains bien que la Maison
du Peuple que veulent fonder sur la butte
Montmartre nos socialistes parisiens ne se rap-
proche davantage, au total, des conceptions du
citoyen Maximo Lisbonne que de celles de
l'authentique successeur de Jacquemart d'Ar-
teveldo.

CHAPITRE II

LES BRUXELLOIS

M. JEAN VOLDERS ET M. LOUIS BERTRAND

I

Nous étions allés faire visite, — il y aura dix ans bientôt, et comme ces souvenirs nous vieillissent ! — à l'un des principaux libraires de Bruxelles. L'ami que j'accompagnais venait de fonder à Paris la *Revue wagnérienne;* il cherchait à se renseigner sur les meilleurs moyens de répandre parmi les Belges l'enthousiasme pour le génie de Wagner et les abonnements à sa vaillante Revue.

Nous trouvâmes notre libraire occupé à fumer et à boire, dans une taverne voisine de sa maison. Et quand il nous eut écoutés :

« Savez-vous, Messieurs, nous dit-il, le Belge ne lit pas. Le Belge aime la musique. Le Belge fait tous les sacrifices pour aller applaudir les belles œuvres. Mais n'attendez pas du Belge qu'il s'abonne à votre Revue, car le Belge ne lit pas. »

Longtemps encore il nous parla sur ce ton, ce gros et digne homme ; il nous dit les choses les plus judicieuses ; il fut un vrai père pour nous. Mais il ne cessa point de nous entretenir du *Belge*, si bien que peu à peu je vis se dresser devant moi LE BELGE lui-même, un personnage symbolique et cependant réel, un homme réunissant toutes les qualités, sauf celle de s'abonner à la *Revue wagnérienne*, une façon de prototype concret de la Belgique tout entière.

Tous les séjours que j'ai faits depuis lors en Belgique n'ont eu d'effet que de préciser pour moi cette conception du Belge. Car j'ai vu que vraiment tous les Belges avaient, sous la différence des provinces et des physionomies et des

manières de parler le français, un ensemble de
vertus communes, qui faisaient de la Belgique
le plus homogène des pays de l'Europe au point
de vue psychologique.

Oui, à l'exception de Liège, qui reste, malgré tout, un foyer d'anarchie et ne se laisse
point réduire, il n'y a, de Verviers à Ostende,
qu'une seule race, et Wallons et Flamingants
se ressemblent tout en se détestant. Le royaume est trop petit, les trains y sont trop fré-
quents et à trop bon marché, pour que les différences ethniques aient pu s'y maintenir,
comme en France, en Allemagne ou dans les
Iles Britanniques.

Et il se trouve que le Belge, tel qu'il est aujourd'hui de Verviers à Ostende, possède les
qualités les plus précieuses pour le développement et la mise en pratique de l'idée socialiste.

II

Il a d'abord un sens merveilleux de l'organisation. Aucune race ne l'égale pour la simplicité, la rapidité et la commodité des entreprises collectives. Dans l'Europe entière, à Constantinople, à Cracovie et à Dublin, ce sont des sociétés belges qui créent les tramways, qui inaugurent le système des wagons-lits, qui construisent les ponts et creusent les canaux. Dans l'esprit du Belge, l'idée prend tout de suite une forme effective, et l'effort en commun est pour le cœur du Belge un besoin naturel. La patrie de la fanfare était prédestinée à devenir la patrie de la société coopérative : et de la société coopérative à l'organisation socialiste, le chemin était tout tracé.

Une seconde qualité du Belge est le manque d'ironie. De quelque chose qu'il s'agisse, d'art, de politique ou de cuisine, le Belge la prend au sérieux. Il ne s'attarde pas, comme nous faisons, à chercher les défauts pour ensuite en souffrir. Il croit à la possibilité du bien ; il est tout à ce qu'il entreprend ; et quand l'idée socialiste lui est entrée dans la tête, il ne songe plus qu'à la réaliser, tandis que les gens des autres pays s'attardent à la discuter, à la commenter, à découvrir les raisons qui la rendent impossible, et à attendre en se chamaillant qu'un miracle l'envoie toute réalisée sur la terre.

Et c'est encore une qualité du Belge de faire librement ce qu'il fait, de garder toute son indépendance dans l'action en commun, de rester autonome sous la discipline, au lieu que l'Allemand, par exemple, y devient une façon de mouton inconscient et passif. Il en résulte pour les chefs du socialisme belge l'obligation d'expliquer toujours aux ouvriers les raisons de leurs ordres, et ainsi de s'en tenir à des ordres sensés, pratiques, purs de toutes considérations spéculatives. Ce n'est point les socialistes belges qui consentiraient, comme les socialistes allemands, à voter de confiance pendant vingt ans pour des chefs qui, en guise d'explication, leur rappelleraient les années de prison que jadis ils ont subies, et les conduiraient au Capitole pour trinquer au succès de l'Idée.

Joignez à cela des conditions économiques exceptionnelles, la densité de la population, la prédominance de la grande industrie capitaliste sur la petite propriété individuelle ; joignez-y la solidité des estomacs, qui maintient l'appétit ; la tristesse du ciel, qui développe le goût du bien-être : la Belgique vous apparaîtra ce qu'elle est, la terre de choix du socialisme, le champ d'expériences où doivent s'effectuer les premières réalisations de la Commune de l'avenir.

Et en vérité la Belgique est aujourd'hui tout entière socialiste.

Les catholiques n'y conservent leur autorité

qu'on créant partout des Sociétés coopératives, des cercles d'études sociales, des familistères et des bourses du travail. Le Congrès catholique de Malines a été la contre-partie du Congrès socialiste de Bruxelles : on y a discuté les mêmes questions, voté les mêmes résolutions pratiques. Les professeurs de l'Université catholique de Louvain sont aussi durs pour le capital que peut le souhaiter le cœur socialiste de Léon XIII.

L'économiste le plus savant du royaume, M. de Laveleye, enseigne aux étudiants de l'Université de Liège que la propriété individuelle est une phase transitoire de l'évolution économique. A l'Université de Bruxelles, M. Guillaume de Greef et M. Hector Denis développent l'un et l'autre des idées pareilles à celles de M. Malon sur l'acquisition des services publics par l'État. Et il n'y a pas si petite ville qui n'ait sa Maison du Peuple, et les Congrès annuels du parti ouvrier belge sont d'admirables assises où pas un ne prend la parole qui n'ait quelque chose à dire.

III

Trois hommes conduisent les débats, dans
ces Congrès, trois hommes qui manquent d'i-
ronie, et qui peuvent ainsi agir côte à côte sans
qu'il vienne à l'esprit de l'un d'eux de se fâcher de la présence des autres. Et les ouvriers
qui les suivent sont également dénués d'ironie ;
ce qui leur permet d'obéir sans penser au droit
qu'ils auraient de ne pas obéir. Ils exigent
seulement qu'on leur donne la raison de ce
qu'on leur commande : ce qu'on leur commande
y gagne d'être toujours raisonnable.

Le premier de ces trois hommes est M. Anseele. Le génie d'organisation de sa race s'est
incarné en lui, comme jadis dans Artevelde,

Toutes les villes de langue flamande, d'Alost à Anvers, se soumettent de plein gré à sa direction. Son *Vooruit* sert de modèle à toutes les sociétés coopératives socialistes et à toutes les Maisons du Peuple du royaume. Et l'armée socialiste qu'il a recrutée pourrait servir de modèle à toutes les armées du monde : elle est instruite et disciplinée, toujours prête désormais à identifier ses intérêts avec le dévouement à ses chefs et à l'idée du parti.

A Bruxelles, deux hommes, M. Jean Volders et M. Louis Bertrand, se partagent la tâche. Aussi bien leur tâche est-elle plus difficile que celle de leur collègue gantois : car ils ont affaire à des éléments plus nombreux et plus hétérogènes, sans compter que toutes les provinces du centre et de l'est tendent à se rattacher de plus en plus au mouvement bruxellois.

On ne pourrait imaginer d'ailleurs deux hommes mieux faits pour agir en commun.

Ils ont tous deux la même foi dans la justice de leur cause, la même confiance dans la possibilité du succès, la même ardeur d'activité et le même bon sens ennemi des vaines aventures. Ils ont reçu tous deux la même éducation, ayant été l'un et l'autre les amis d'un des maîtres théoriciens du socialisme, César de Paepe, une façon d'apôtre et de martyr de la cause.

Et puis, pour tout le détail des qualités personnelles, le contraste est parfait entre M. Volders et M. Bertrand : leurs caractères se complètent sans en rien se gêner.

Court, gros, avec une bonne figure réjouie
où scintillent seulement deux petits yeux pleins
de finesse, M. Louis Bertrand est l'homme de
l'action pratique, l'homme des mises en train,
des essais, des mille détails qui précèdent et
qui suivent toute organisation. C'est aussi le
journaliste, le pamphlétaire, l'homme de la lutte
au jour le jour.

Ancien ouvrier marbrier, il a gardé de son
métier d'autrefois les habitudes de lenteur, de
minutie, d'application patiente et conscien-
cieuse. Ses articles au journal *le Peuple*, ses
brochures de propagande, ses discours dans les
réunions locales, ce sont des choses au premier
abord un peu ternes, mais toujours sérieuses,

effectives, abondantes en documents précis ; et toujours y perce cette finesse quasi-rustique qui fait entrer les idées dans la tête des gens sans qu'ils s'aperçoivent de rien. Il y a plus d'une ressemblance, à ce point de vue, entre le talent de M. Bertrand et celui de M. Malon.

Aussi bien M. Malon est-il, avec César de Paepe, le maître pour qui M. Bertrand, et en général tous les socialistes belges, ont le plus de respect ; il n'y a pas jusqu'à ses aspirations poétiques et sentimentales qui, étroitement liées comme elles sont à des vues toutes pratiques, ne contribuent encore là-bas à faire de lui l'un des maîtres du socialisme.

Comme M. Malon, M. Bertrand se dérobe volontiers aux grandes manifestations publiques. C'est lui, je crois, qui a organisé le congrès socialiste de Bruxelles, cette Constituante d'une semaine, dont la belle ordonnance restera dans le souvenir de tous ceux qui l'ont pu voir. Mais pendant les séances, il n'a rien dit, personne n'a remarqué sa présence dans le coin du bureau où il se tenait. Il a laissé l'honneur de diriger les débats à son collègue et ami M. Volders ; celui-là se trouve précisément posséder toutes les qualités qui manquent à M. Bertrand.

La propagande socialiste, en effet, comporte pour ainsi dire une partie cachée et une partie publique ; et M. Volders est par excellence l'homme de la partie publique, l'orateur, le tribun, celui que les foules connaissent et qui connaît les foules.

V

C'est un grand et solide garçon d'une trentaine d'années, le type parfait du beau Flamand tel que déjà l'avait vu Rubens. Il nous étonnait tous au Congrès de Bruxelles par l'élégance naturelle de ses mouvements, la sûreté de sa parole, et quelque chose d'impérieux sans hauteur qu'il savait mettre dans son débit. Une impression de force et de résolution se dégageait de toute sa personne; on l'aurait cru violent, sans la singulière douceur de ses grands yeux bleus.

Et vraiment on se serait trompé à le croire violent, car c'est l'habitude seule des réunions publiques qui lui a donné cette grosse voix autoritaire, et il n'y a pas d'homme plus éloigné d'être méchant. Il ferait volontiers à ceux qui le connaissent l'impression d'un bon géant; c'est l'impression qu'il fait aux ouvriers bruxellois, et sa popularité dans la Belgique entière égalera bientôt la popularité de M. Anseele.

Mais M. Volders est un tribun. Se déchargeant sur M. Bertrand des menus détails de l'organisation, il parcourt d'un bout de l'année à l'autre les villes et les villages pour répandre la bonne parole socialiste. Partout sur son passage, il fonde des sociétés coopératives, des Maisons du Peuple, des cercles d'études sociales; et c'est à M. Bertrand ensuite de compléter son œuvre, de même que c'est à M. Bertrand de s'occuper de la cuisine intérieure du journal *le Peuple*, dont M. Volders est le rédacteur en chef parlant au public.

A la Maison du Peuple de Bruxelles, en revanche, M. Volders est seul maître. Là encore, cependant, je suppose que les conseils de M. Bertrand ont dû lui être précieux pour cette belle imitation qu'il a entreprise du *Vooruit* de Gand; personne, en effet, ne s'entend mieux que M. Bertrand à la pratique de la coopération. Mais c'est M. Volders que trouvent à la Maison du Peuple les ouvriers qui y viennent ; ils le trouvent toujours ardent et passionné, prompt à la réponse, au demeurant le plus doux des hommes ; et peut-être aiment-ils aussi en lui, comme en M. Anseele, le bourgeois devenu prolétaire, l'ancien étudiant qui, par dévouement pour eux, s'est fait un des leurs.

VI

Ainsi M. Volders et M. Bertrand travaillent en commun au succès de leurs doctrines. Ils y emploient les plus précieuses qualités d'énergie, de patience, de désintéressement. Ce sont, en vérité, deux hommes admirables : et jamais je n'oublierai ma surprise à les voir, avec toute leur force, si modestes, si simples, tendres et naïfs comme de grands enfants. Ils n'ont point, ni l'un ni l'autre, le vigoureux génie de M. Anseele, ou plutôt aucun des deux ne l'a, pris séparément ; mais unis comme ils sont, ils valent les plus vaillants, et c'est un bonheur pour une idée d'avoir de tels hommes qui la servent.

Quelle est donc l'idée que servent, avec des vertus si belles, ces socialistes belges ?

Ce n'est, en vérité, pas l'idée marxiste, trop hégélienne pour des Belges et de réalisation trop lointaine ; ce n'est pas même l'idée possibiliste, la théorie de l'acquisition graduelle des servic s publics par l'État, cette théorie que César de Paepe a mise au niveau de la théorie marxiste, par l'étonnant appareil de considérations spéculatives et de conclusions pratiques dont il l'a revêtue.

Le programme des socialistes belges est plus modeste ; il se borne à demander *le remplacement de l'industrie capitaliste individuelle par les sociétés coopératives, et le remplacement du suffrage censitaire par le suffrage universel.* Voilà tout, pour l'heure ; et, comparé au somptueux programme des socialistes allemands, ce programme paraîtra bien maigre.

Mais c'est que les socialistes belges sont des gens pratiques qui ne demandent que ce qu'ils peuvent obtenir. Et ce programme se trouve comprendre tout ce qu'ils peuvent réclamer aujourd'hui avec quelque chance de succès.

Car les sociétés coopératives comme le *Vooruit* de Gand sont, en microcosme, des organisations collectivistes. Que tous les ouvriers belges s'unissent pour former des sociétés de ce genre ; le régime social présent en sera bouleversé.

L'importance du suffrage universel, d'autre part, est infiniment plus considérable en Belgique qu'on ne peut croire au premier abord. Le suffrage universel peut, une fois obtenu, laisser encore bien des choses à faire ; mais rien n'est possible aussi longtemps qu'on ne l'a pas obtenu. Joignez-y que si le suffrage universel a jusqu'ici, dans les pays où il existe, peu contribué aux progrès du socialisme, c'est qu'on l'a toujours pratiqué sur le terrain politique. Le jour où, au lieu de le faire servir à approuver telle forme de gouvernement ou à en demander telle autre, on l'emploiera uniquement à soutenir des doctrines économiques et sociales, on verra tout le prix qu'en peuvent tirer les socialistes.

Les socialistes belges n'ont pas encore obtenu le suffrage universel : mais ils le veulent solidement et je ne doute pas que, de gré ou de force, ils ne l'obtiennent bientôt. Déjà ils ont arraché au gouvernement la promesse formelle d'une revision prochaine : c'est une première victoire dont ils ont le droit d'être fiers. Et, quand ils auront obtenu le suffrage universel, je ne doute pas qu'ils parviennent à en tirer parti. Les catholiques, leurs adversaires, finiront tôt ou tard par être battus.

Le tout est de savoir si l'Europe les laissera faire. Par un phénomène singulier et qui prouve bien la persistance du principe des nationalités, les monarchies européennes s'accommodent très bien du voisinage d'États républicains ; mais républiques et monarchies consentiront-elles à s'accommoder pareillement du voisinage d'un État socialiste ?

A cette question aboutit forcément, en fin de compte, l'étude des progrès du socialisme belge. Mais peut-être les socialistes belges ont-ils rai-

son de la dédaigner, car c'est avec des questions
de ce genre qu'on se condamne à ne rien tenter. Si MM. Volders et Bertrand s'étaient at-
tardés à la discuter, les ouvriers de leur boulangerie coopérative ne fabriqueraient pas aujourd'hui le meilleur pain de toute la Belgique
avec seulement huit heures de travail par jour :
ce qui, somme toute, est plus précieux pour ces
braves gens que la perspective d'assister du haut
du ciel à une réalisation définitive de l'idéal
socialiste, un siècle ou deux après leur mort.

QUATRIÈME PARTIE

LES SOCIALISTES ANGLAIS

QUATRIÈME PARTIE
LES SOCIALISTES ANGLAIS

CHAPITRE PREMIER
M. WILLIAM MORRIS

I

Un rassemblement s'était formé, il y a quatre ou cinq ans, dans une rue de Londres.

Debout sur le trottoir, tête nue, sanglé dans une longue redingote, un homme criait et gesticulait : un solide petit homme d'une cinquantaine d'années, avec un teint cramoisi où luisaient deux grands yeux ronds d'un bleu d'acier. Incapable de rester immobile, il piétinait sur place ; l'abondance de ses gestes agitait tout son corps d'un frémissement continu ; son épaisse chevelure grise flottait comme une crinière ; et tantôt il brandissait au bout de son poing levé, tantôt il mâchonnait entre ses dents une petite pipe de bois noir.

De toute la force de ses robustes poumons, avec cette voix glapissante et affectée que croient devoir prendre les Anglais dès qu'ils parlent en public, cet apôtre improvisé démontrait aux passants, non point, comme on aurait pu s'y attendre, les avantages du retour vers Christ ou les inconvénients de la damnation, mais la nécessité de la lutte des classes et de la révolution sociale.

La police est, à Londres, plus patiente qu'à Paris. Elle finit pourtant par s'impatienter, et l'orateur fut conduit au poste, toujours criant et gesticulant, avec sa petite pipe toujours en mouvement. Et comme, au poste, le magistrat lui demandait qui il était pour troubler ainsi l'ordre de la rue : « Je suis, répondit-il, un artiste, un poète aussi, et assez renommé, je crois, dans le monde entier. »

Le monde entier se bornant, pour un Anglais, à l'Angleterre et à ses dépendances, M. William Morris n'avait pas menti : car il n'y a guère d'Anglais un peu lettré qui ne le connaisse et ne l'admire, comme artiste, comme poète surtout. Et n'allez pas croire que M. Morris soit un poète populaire, un chansonnier socialiste à la façon de feu Potier ou de M. J.-B. Clément : c'est au contraire le plus raffiné des plus raffinés, le seul poète anglais de notre temps qui réponde à l'idée que nous nous faisons d'un *esthète* ou d'un *préraphaélite*.

Mais la police anglaise n'a le droit de connaître qu'un seul poète, le Lauréat : pour celui-là seul elle réserve des égards spéciaux; et tous les autres ne sont à ses yeux que littérature, c'est-à-dire quelque chose d'assez inférieur, tenant davantage du *cad* que du *gentleman*.

Aussi, M. Morris aurait-il sans doute été envoyé au violon comme un simple pickpocket, s'il n'avait eu à faire valoir devant le magistrat un titre autrement considérable que celui de poète : son titre de grand industriel, directeur de la maison *Morris and C°*, fameuse dans tout le royaume pour sa spécialité de tapis et de papiers peints.

II

Industriel, poète et agitateur socialiste, M. Morris est tout cela en même temps; et sous aucun de ces trois aspects il ne ressemble à personne.

Sa fabrique de tapis et de papiers peints lui vient de son père, qui déjà en avait fait une maison de premier ordre; mais c'est à lui seul qu'elle doit son caractère particulier de *fabrique préraphaélite*.

On sait comment, il y a une trentaine d'années, la Renaissance du seizième siècle est apparue aux artistes anglais non plus comme le point de départ, mais comme le terme d'un développement artistique. Le retour aux primitifs devint désormais la devise de tous ceux qui se souciaient de l'idéal, ou simplement de la mode. Et tandis que les uns essayaient de renouveler Fra Angelico, Botticelli, le Dante et Pétrarque, tandis que d'autres créaient le jupon, la ceinture et le chapeau *esthétiques*, M. William Morris, plus érudit que M. Ruskin lui-même dans l'histoire des arts et des industries du moyen-âge, eut l'idée de rendre *esthétique* la décoration des appartements, en y faisant revivre les formes et les traditions du Quattrocento.

La fresque naturellement l'aurait accommodé mieux que tout : mais les temps étaient si changés depuis le moyen-âge qu'on ne pouvait guère espérer de racoler une équipe de peintres capables de peindre à fresque tous les appartements du royaume. Et ainsi M. Morris dut se rabattre sur les moyens plus démocratiques du tapis et du papier peint.

Il fit tout ce qu'il put, du moins, pour les élever à la dignité de la fresque. Avec l'aide d'abord des peintres de la Confrérie Préraphaélite, avec l'aide ensuite du dessinateur Walter

Crane, son compagnon dans la propagande socialiste, il a imaginé toutes sortes de modèles bizarres, où se mêlent de frêles formes indécises, en des harmonies de couleurs très vibrantes ou très effacées. Et le nombre est infini aujourd'hui des maisons anglaises un peu vouées aux Muses, qui ont sur leurs murs des papiers peints Morris, et des tapis Morris sur leurs escaliers.

J'avoue que les tapis et les papiers peints de M. Morris sont à mon goût trop anglais, et que le seul style décoratif anglais qui me plaise est celui qui parvient à se passer de toutes prétentions artistiques. Mais je crois en revanche que les vers de M. Morris sont les plus beaux qui soient dans la littérature anglaise de ce siècle.

A Oxford, où il a fait ses études, M. Morris a eu pour condisciple M. Swinburne; il s'est lié aussi avec le peintre-poète Dante Rossetti, qui s'occupait alors de peindre à fresque (le malheureux !) les murs du Club de l'Union. Ce sont ces trois poètes : M. Swinburne, Rossetti et M. Morris qui représentent dans la poésie de leur pays le groupe préraphaélite ; mais seul M. Morris est un vrai préraphaélite, autant qu'un Anglais peut être quelque chose de pareil, et quatre siècles après Raphaël. Son premier recueil, la *Défense de Guenevere*, sa *Vie et Mort de Jason*, son *Paradis Terrestre*, un cycle de récits faisant alterner les légendes classiques avec les mythes du moyen-âge : ce sont trois modèles d'un art plus travaillé et plus pur que celui de nos parnassiens, mais avec cela véritablement archaïque, tout plein d'images et d'assonances qui semblent venir d'un autre temps ; tel enfin, jusque dans le choix des mots, qu'on aurait pu l'attendre d'un poète d'avant la Renaissance.

L'auteur de ces poèmes semblait naturellement désigné, il y a dix ans, pour devenir l'héritier présomptif de lord Tennyson dans la fonction de Lauréat. Par sa famille, par sa fortune, par sa situation industrielle, il apparaissait à ses compatriotes comme le type parfait de l'homme honorable : honorables aussi étaient ses vers, en outre de leur beauté artistique, tandis que la luxurieuse sensualité de Rossetti et le républicanisme blasphématoire de M. Swinburne les avaient à jamais exclus de toute participation aux faveurs officielles.

Ajoutez-y que, sauf pour ce qui touchait la poésie et le papier peint, M. Morris était le moins révolutionnaire des hommes. A Oxford, il s'était signalé par son enthousiasme pour les théories de Carlyle, qui légitimait, comme on sait, le triomphe de la force sur le droit. Plus tard, dans une série de conférences sur l'art, il avait bien regretté la disparition des guildes et confréries du moyen-âge ; mais cela encore n'avait rien de subversif, et le public anglais continuait à le considérer comme le modèle du poète tout accaparé par le culte du beau.

Aussi la stupeur fut-elle grande, d'un bout à l'autre de l'Angleterre, en 1883, lorsqu'on apprit que M. William Morris, l'éminent directeur de la maison Morris and C°, auteur de remarquables poèmes et successeur éventuel de lord

Tennyson, venait d'arborer le drapeau rouge et était devenu l'un des chefs de la *Fédération démocratique socialiste*, fondée peu de temps auparavant par M. Hyndman.

Cette stupeur dure encore, après huit ans, et le zèle socialiste de M. Morris ne semble pas non plus sur le point de se relâcher.

Non pas qu'il lui ait fait perdre de vue, pourtant, ses anciennes occupations industrielles ou littéraires. M. Morris est toujours resté soucieux de la prospérité de sa maison ; l'avenir de ses enfants continue à lui tenir à cœur ; et point davantage il n'a renoncé à ses projets poétiques. Il continue à publier, de temps à autre, une série d'ouvrages en prose et en vers, des façons d'épopées sur le sujet des mythes scandinaves. L'idée y est encore plus simple, l'image plus brutale, le vocabulaire plus primitif, plus épuré de toutes expressions latines, que dans ses poèmes d'autrefois : si bien qu'on serait vraiment tenté d'attribuer *l'Histoire de Sigurd* et tous ces singuliers récits à quelque barde normand des âges primitifs.

C'est cependant au socialisme que M. Morris consacre désormais le meilleur de ses soins. Et personne n'a eu autant de part que lui dans le récent développement de l'idée socialiste en Angleterre.

Par la parole, par la presse, sa propagande a été infatigable. Orateur maladroit et timide au début, il a su se forcer à improviser ses discours, au lieu de les lire, comme il faisait d'abord ; il s'est habitué à la riposte ; sa maladresse et sa timidité mêmes lui ont servi, en exagérant la violence de ses invectives.

Avec cela, toute l'ardeur, tout le désintéressement d'un apôtre. Aucun moyen ne lui a semblé indigne de lui pour répandre l'idée. On l'a vu passer des semaines parmi des ouvriers, dans des coins perdus de l'Écosse ; on l'a vu ameuter les passants sur les places, distribuer des prospectus à l'entrée des gares. Il a organisé chez lui, à Hammersmith, des conférences hebdomadaires pour les ouvriers du district. Il a longtemps rédigé, quasi à lui seul, un journal, le *Commonweal* ; il a même fait servir son génie de poète au bénéfice de la cause en publiant une série de *Chants pour les socialistes*, des chants malheureusement trop *préraphaélites* encore pour avoir un plein effet.

« Accourez çà, dit-il, mes gars, et écoutez une histoire qui est encore à dire, — une histoire des merveilleux jours qui vont naître et où tout sera mieux que bien ! »

M. Morris a eu le tort seulement d'apporter à son action socialiste cette impatience nerveuse, cette mobilité, ce besoin de s'agiter sur place qui sont les traits essentiels de sa physionomie. Après avoir dirigé avec M. Hyndman la *Fédération socialiste*, il a fondé avec M. et Mme Aveling la *Ligue socialiste* : cette Ligue, à son tour, il vient de la quitter ; maintenant il se trouve isolé, à la tête d'un parti peu nom-

breux et qui ne paraît guère en voie de prospé-
rer.

Ainsi son influence, après avoir été considérable, risque de s'amoindrir. Peut-être est-ce
que les ouvriers anglais ont fini malgré tout
par s'apercevoir que cet agitateur était un poète;
car il y a entre la poésie et le socialisme une
antipathie de jour en jour plus marquée. Mais
peut-être aussi est-ce que M. Morris, dans les
intervalles de sa propagande, s'en retournait à
ses vers et à ses papiers peints, tandis que les
autres chefs du socialisme anglais n'arrêtaient
pas d'intriguer, de combiner secrètement des
traités d'alliance et des plans d'attaque, de se
pousser dans l'ombre au détriment de leurs rivaux.

IV

Quand un chasseur bas-normand veut se débarrasser de son chien, il l'accuse d'être enragé. Quand un chef du socialisme veut se débarrasser d'un collègue, il l'accuse d'être anarchiste. « Anarchiste ! » crie M. Bebel à M. Werner. « Anarchiste ! » crie M. Liebknecht à M. Domela Nieuwenhuys. « Anarchiste! » crie, de sa voix nasillarde, Mme Aveling à M. William Morris.

Et il est vrai que le rêve de M. Morris est une société sans maîtres ni lois, une société où chacun serait libre : mais pour que cette société puisse un jour se constituer, M. Morris réclame d'abord, tout comme les marxistes, la guerre des classes, la dictature du quatrième état, l'organisation collective.

Il s'est très clairement expliqué là-dessus dans un petit livre récent, *News from nowhere* (Nouvelles de nulle part), où il a essayé à son tour une réalisation de son utopie. Il y fait voir une Angleterre idéale, rendue, par la suppression du régime capitaliste, au culte de l'art et de la beauté.

Et je ne crois pas que, depuis la *République* de Platon, le socialisme ait donné au monde une œuvre d'un art si parfait. Je ne crois pas que M. Morris ait jamais écrit dans ses ouvrages de pure littérature d'aussi merveilleuses pages que, par exemple, ce récit d'un voyage le long des bords de la Tamise, tout imprégnés des parfums, tout résonnants des échos d'une vie nouvelle.

Il y a des femmes aussi dans ce livre, de nobles femmes en robes flottantes qui passent, le yeux allumés de sourires; des femmes infiniment plus gracieuses que toutes les héroïnes de Rossetti, de M. Burne Jones, voire de Botti-

celli. Elles enchantent les yeux de leurs mouvements légers, elles s'offrent à tous ceux qui
veulent les prendre, aux lecteurs eux-mêmes ;
c'est elles qui leur expliquent, entre deux bai-
sers, les avantages de la révolution sociale.

Et l'on s'attarde entre leurs bras, et l'on est
tenté de préférer à tous les Marx et à tous les
Lassalle ce socialiste plus pratique qui, par la
vertu de son art, a trouvé le moyen de réaliser
d'emblée un monde délicieux et en apparence
impossible, un monde où la justice n'empêche
pas la beauté.

CHAPITRE II
FIGURES DIVERSES

I

Parmi les conséquences fâcheuses des récents progrès du socialisme, il convient de ranger en première ligne le détraquement de M. Herbert Spencer.

Cet homme impassible, qui depuis trente ans construisait le système de l'histoire du monde, partant de l'Inconnaissable originel pour aboutir à notre société moderne, sans omettre un seul des états intermédiaires, M. Spencer, celui de tous les philosophes qui a inventé le moins de choses et qui en a expliqué le plus grand nombre, le voilà qui, dans sa fureur contre le socialisme, est devenu une façon d'énergumène. Cet homme méthodique, qui, depuis trente ans, a fait tous les soirs, à la même heure, dans le même sous-sol d'un club de Londres, la même partie de billard, le voilà qui vient d'écrire et de publier le quatrième volume d'une série avant le deuxième et le troisième, parce que c'est dans ce quatrième volume que se trouve flétri le socialisme. Cet homme raisonnable, que son solide bon sens avait depuis trente ans préservé de toutes les illusions, même des plus généreuses, le voilà qui déclare ne pas comprendre comment, à mesure que le bien-être augmente, l'humanité se plaint davantage; et il ne s'aperçoit pas que si lui-même se plaint, c'est donc qu'il reste encore de par le monde des motifs pour se plaindre.

M. Spencer, en vérité, ne pouvait manquer d'être affolé par les progrès du socialisme : car il représente à son plus haut degré l'état d'esprit le plus opposé au socialisme : l'état d'esprit *anarchiste*.

Chacun pour soi, et sans le secours de personne : c'est la théorie fondamentale de la sociologie de M. Spencer. On sait que, d'après lui, le rôle de l'État devrait se réduire à rien, que les particuliers devraient se charger euxmêmes et de construire les routes, et de fonder les écoles, et de faire tout ce dont ils remettent la charge aux pouvoirs publics. Le progrès, aux yeux de M. Spencer, c'est l'initiative privée se substituant sur tous les points à l'autorité de l'État. Une pareille doctrine est le dernier mot de l'individualisme, et le dernier mot de l'individualisme s'appelle l'anarchisme.

L'anarchisme de M. Spencer est aussi opposé que possible au principe socialiste, qui réclame la remise de tous les pouvoirs entre les mains de l'État. Mais il suffit de connaître un peu le caractère anglais pour voir que cet anarchisme, comme il est au fond des théories de M. Spencer, est aussi au fond de l'esprit de ses compatriotes.

Par essence, les Anglais sont individualistes. Ils entendent qu'on les laisse seuls se tirer d'affaire, et de la façon qui leur plaît. Leur caractère répugne à tout enrégimentement, à toute abdication de l'autonomie personnelle en vue d'une action commune. Telle est, je crois, l'une des raisons qui les ont longtemps rendus réfractaires au socialisme.

Une autre raison est que les Anglais sont conservateurs, qu'ils ont pour ce qui existe un respect souvent excessif, et que le socialisme demande, à leur gré, des changements trop brusques et trop nombreux. Les Anglais garderont aussi longtemps que possible le régime capitaliste, par pure inertie de conservateurs, comme ils gardent les vieilles mesures antérieures au système métrique, comme les plus incrédules d'entre eux gardent l'habitude de ne pas se montrer le dimanche; et Dieu seul, qui les voit au fond de leurs maisons, sait comme ils s'ennuient, à moins qu'ils ne prennent le parti de s'enivrer, ce jour-là !

Peut-être la résistance des ouvriers anglais aux doctrines socialistes provient-elle aussi de la persistance des sentiments religieux, ou encore d'une incapacité naturelle pour les théories abstraites : car, malgré le jeu de mots du *socialisme chrétien*, le socialisme est la négation de toute existence supraterrestre ; et, d'autre part, malgré ses prétentions à la pratique, il n'en reste pas moins toujours une théorie abstraite, refusant toute concession au nom du postulat métaphysique de l'égalité.

Voilà bien des raisons pour prouver que l'Angleterre offrait un mauvais terrain aux doctrines socialistes : et quoi que vaillent ces raisons, il est sûr que le socialisme, en tant que théorie, n'a jamais pu se constituer en Angleterre avec autant de force, d'unité et de cohésion que dans les autres pays.

Il n'y a pas de pays en Europe, la Belgique exceptée, où les ouvriers aient fait davantage pour améliorer leur condition matérielle : ils y ont multiplié les caisses de secours, les assurances, les sociétés coopératives ; avec leur système des *Trade's Unions*, ils sont devenus eux-mêmes des capitalistes. Mais ils ont fait tout cela en dehors du socialisme, sans aucune prétention à changer le régime présent de la société.

Et quant au socialisme proprement dit, celui de la lutte des classes et de la suppression du capital, il a formé en Angleterre une foule de petits partis analogues à toutes ces autres sectes religieuses, politiques ou morales qui inondent le royaume de leurs meetings, de leurs journaux et de leurs prospectus. Comme le *teetotallisme*, qui a pour principe l'abstention du vin et des liqueurs fortes (et qui compte, hélas ! tant d'ivrognes parmi ses chefs !), comme le *végétarisme*, comme le *tolstoïsme*, qui est en train de se répandre dans la société anglaise, le socialisme anglais se recrute à peu près entièrement parmi les *excentriques*.

Des excentriques aussi, tous les chefs de ces partis. Il n'y en a pas un qui, à côté de son rôle d'agitateur, ne se distingue par quelque singularité d'humeur ou de physionomie. M. William Morris, du moins, a la singularité d'être un poète de génie : mais en réservant pour son portrait une place d'honneur, quelle bizarre galerie de portraits on pourrait faire avec la série de ses rivaux, les chefs socialistes anglais !

II

Voici, par exemple, le fondateur et président de la *Fédération démocratique socialiste*, M. H. Hyndman.

Avocat, ruiné par de malheureuses spéculations à la Bourse, il a dû accepter une place de commis dans une banque; mais on me dit qu'il continue à spéculer et que, maintenant comme autrefois, c'est à la caisse de son parti qu'il abandonne la totalité de ses bénéfices. C'est, d'ailleurs, un homme de grande valeur, bon orateur, écrivain savant et habile, et celui de tous les socialistes anglais qui a obtenu les résultats les plus importants.

Sa Fédération s'appuie sur des considérants marxistes, mais avec une doctrine pratique tout autre, ressemblant davantage à la doctrine de M. Brousse sur l'acquisition graduelle des services publics par l'État.

Encore le véritable mérite de M. Hyndman n'est-il pas d'avoir créé cette Fédération, qui de plus en plus se regimbe contre ses tendances autoritaires. Son véritable mérite est d'avoir su introduire peu à peu un élément socialiste au sein des *Trade's Unions*, et ainsi de les avoir imprégnées graduellement, presque secrètement, d'un certain esprit socialiste.

Il a été aidé dans cette entreprise par un jeune mécanicien, M. John Burns, qui, en fait de théorie, apportait au socialisme la voix la plus vibrante et la plus ardente énergie. C'est M. Burns qui a mené, dans les années 1886 et 1887, cette série de manifestations et de grèves qui inquiétèrent si vivement les gens en place du Royaume-Uni. Mais, depuis lors, M. Burns s'est séparé de M. Hyndman, et j'entends dire que son énergie s'est lassée : je constate en tout cas que sa popularité a bien diminué.

Peut-être va-t-il se voir bientôt remplacé dans la faveur des ouvriers anglais par un de ses confrères, élève comme lui de l'École de Woolwich, M. Fred Hamill, que plusieurs discours ont déjà rendu presque fameux. C'est un jeune homme mélancolique, de petite taille, avec un grand front, des yeux brillants, et un nez épaté dont il se sert pour parler. Il parle d'ailleurs vraiment très bien ; j'ai été surpris de son sang-froid et de sa répartie.

Voici un ami de M. Hamill, M. Herbert Burrows. Avec sa fine figure, une figure de poète qui m'a rappelé certain portrait d'Edgar Poë, M. Herbert Burrows ne pouvait manquer de compliquer son socialisme de quelque autre occupation plus spécialement intellectuelle. Il est en effet, avec Mme Annie Besant, le chef de l'École théosophiste. A ses discours socialistes, il met une chaleur admirable ; il est plein de passion et plein d'ironie : c'est un poète dévoyé.

III

MM. Hamill et Burrows se chargent aujour-
d'hui de soutenir dans les meetings un projet
de scciété coopérative socialiste fondée en partie sur le modèle du *Vooruit* de M. Anseele.
Mais le véritable promoteur de ce projet, c'est
un jeune écrivain allemand, M. Ferdinand Gilles, une ex-victime de M. de Bismarck, qui
maintenant s'est fait une place importante dans
le mouvement socialiste anglais. M. Gilles est
un homme d'une intelligence remarquable,
avec cela actif, entreprenant, décidé à tout
faire pour assurer le triomphe de ses projets.

Et l'un de ses projets favoris, à côté de son
projet de société coopérative, est d'anéantir,

parmi les socialistes anglais l'influence de M. Aveling et de sa compagne, la fille de Karl Marx. Aussi bien la chose ne sera-t-elle pas trop malaisée, car l'influence de M. Aveling et de miss Marx n'a jamais été forte.

Docteur ès sciences, et l'un des hommes les plus savants de l'Angleterre, mais avec une bien étrange figure de vieil acteur vicieux, M. Aveling était marié et père de famille, il y a six ans, lorsqu'il abandonna femme et enfants pour les beaux yeux de Mlle Éléonore Marx. Voilà ce que ne lui pardonneront jamais les Anglais, non plus que divers autres traits de conduite, révélés naguère par *la Justice*, le journal de M. Hyndman. Et voilà comment M. et Mme Aveling, faute d'avoir des partisans en Angleterre, en sont réduits à représenter le socialisme anglais dans les Congrès étrangers, à Paris, par exemple, où c'est Mme Aveling qui a vraiment dirigé le Congrès marxiste de 1889. A Bruxelles, cette année, elle aurait recommencé sans la délégation anglaise, qui tout entière lui était hostile.

Telles sont les principales figures du socialisme anglais. Je pourrais y joindre M. Frédéric Engels, l'ancien ami de Karl Marx, l'inspirateur occulte du socialisme marxiste en Allemagne et en France ; il demeure à Londres, mais y est tout à fait inconnu. Je pourrais citer aussi les socialistes partisans de la doctrine de l'Américain Henri George, qui réclame la remise du sol entre les mains de l'État ; et les socialistes chrétiens, plus nombreux ici et plus radicaux que chez nous ; et le révérend Headlam qui, comme Tolstoï, soutient que c'est sur cette terre-ci que Jésus-Christ a voulu édifier son royaume ; et le général Booth, qui s'engage, si on lui donne de l'argent, à trancher d'un seul coup la question sociale.

IV

Ce n'est pas, comme on voit, les têtes qui manquent au socialisme anglais : mais ce sont des têtes sans corps. La doctrine socialiste n'a pas encore pénétré parmi les ouvriers anglais.

Est-ce à dire que l'Angleterre soit à jamais éloignée du socialisme? Il me semble au contraire que c'est, avec la Belgique, le pays où les réformes sociales ont le plus de chance de s'accomplir bientôt ; mais ces réformes, les ouvriers anglais les accompliront d'eux-mêmes, sous la pression des circonstances, et non pas d'après les ordres de chefs socialistes.

Peu à peu, en effet, ils ont commencé à s'apercevoir que le système du *self-help* ne les menait pas très loin, que leurs intérêts étaient vraiment en guerre avec ceux des capitalistes et que, bon gré mal gré, il leur faudrait solliciter l'intervention de l'État.

Ainsi les ouvriers des *Trade's Unions* sont arrivés au socialisme : ils y sont arrivés lentement et comme à regret, avec encore toute sorte de réserves et de compromis. Mais la chose, quant au principe, est aujourd'hui décidée. Au Congrès de Bruxelles, au récent Congrès de Newcastle, les ouvriers anglais des *Trade's Unions* ont manifesté l'intention de réclamer de l'État la limitation de la journée de travail.

Et comme ils sont forts, et comme, avec beaucoup d'énergie, ils ont aussi beaucoup d'argent, il ne serait pas impossible que la première victoire du socialisme en Europe fût remportée par cette armée sans chefs des *Trade's Unionistes* anglais, socialistes de la dernière heure et socialistes malgré eux !

CONCLUSION

CONCLUSION

L'AVENIR DU SOCIALISME

I

Rien ne dispose à la mélancolie comme d'avoir l'esprit trop tranquille. Cette ingénieuse observation avait naguère suggéré à Villiers de l'Isle-Adam le projet d'une grande agence d'*Inquiéteurs*, fonctionnaires chargés de créer toujours à leurs clients de nouveaux sujets de souci, pour tenir leur pensée en haleine et ainsi les empêcher de prendre, à force de quiétude, la vie en dégoût.

C'est, j'imagine, dans une intention du même genre que Dieu, créateur de toutes choses, a créé le socialisme. Il a voulu arracher l'humanité à la contemplation prolongée de son néant;

et pour la sauver de l'excès de sécurité, qui ne pouvait manquer de la conduire au pessimisme, il lui a suscité, sous les espèces du socialisme, un grand inquiéteur désormais éternel.

Telle est, du moins, l'impression qui me reste, après des années passées à étudier de loin le mouvement socialiste, après ces quatre mois surtout passés à l'étudier de très près dans les quatre pays d'Europe où il a une importance réelle.

Oui, j'ai le sentiment que ni en France, ni en Allemagne, ni en Belgique, ni en Angleterre, le socialisme n'a d'autre avenir que d'être indéfiniment pour la société une cause d'inquiétude, d'alarme, de grandissant malaise matériel et moral.

Je ne crois pas que les socialistes arrivent jamais à obtenir ce qu'ils réclament; et je ne crois pas non plus qu'on réussisse jamais à faire cesser leurs réclamations. Indéfiniment condamnée à l'insomnie par l'éclat de leurs cris, la société continuera indéfiniment à maigrir et à s'étioler, comme font les gens privés de sommeil. Mais à cette lente anémie qu'ils auront causée, les socialistes ne gagneront pas autre chose que la satisfaction de l'avoir causée.

II

De la victoire telle qu'ils la rêvent, ils sont beaucoup plus éloignés qu'ils ne le croient, et qu'ils ne sont parvenus à nous le faire croire.

Tout d'abord il est faux, — et les congrès internationaux n'y sauraient rien changer, — que les socialistes ne forment à travers l'Europe qu'un seul parti. Les socialistes belges peuvent bien fraterniser aux jours de parade avec les socialistes allemands, et ceux-ci peuvent bien adresser des exhortations, voire des subventions, aux socialistes français. Il n'en reste pas moins vrai que, d'un pays à l'autre, les socialistes poursuivent des fins différentes et par des moyens différents.

Les marxistes eux-mêmes ne s'entendent pas

dans les divers pays, sur la façon d'appliquer les théories de Karl Marx. Le marxisme de M. Guesde consiste, en dernière analyse, à toujours harceler l'État de nouvelles demandes, mais à refuser toutes ses offres. Le marxisme de M. Anseele consiste à réaliser petit à petit, sans le secours de personne, l'idéal collectiviste. Le marxisme de M. Hyndman consiste à réclamer pour cette graduelle réalisation l'appui de l'État. Et le marxisme des Allemands, sous les trois formes que désormais il a revêtues, consiste à nommer au Reichstag le plus grand nombre possible de députés du parti.

Je ne puis insister autant que je le voudrais sur ces différences, qui empêchent le socialisme d'être international autrement que de nom, c'est-à-dire autrement que pour nous inquiéter. Mais je crois que ces différences apparaîtront assez, pour peu que l'on daigne se rappeler la série de ces études, ou seulement pour peu que l'on veuille songer à l'opposition des races, des tempéraments, des conditions politiques, économiques et sociales.

III

Le socialisme est-il du moins plus homogène ou plus sérieux à l'intérieur des divers pays ?

Il n'est sérieux et homogène que dans un seul pays, la Belgique. Encore reste-t-il aux socialistes belges bien des progrès à faire avant d'avoir obtenu le suffrage universel et de s'en être rendus les maîtres; et alors même, peut-on croire que les nations voisines laisseront s'accomplir, dans un royaume si petit, une révolution si dangereuse pour elles ?

Le socialisme allemand est organisé à merveille pour jouer le rôle d'inquiéteur. Mais au point de vue du triomphe de ses idées, ses forces, loin de croître, risquent de plus en plus de faiblir et de se diviser.

Son programme a été conçu par rapport à un état politique qui désormais n'existe plus. Le nom de M. Bebel gardera quelque temps encore le prestige que lui ont valu vingt années d'admirables travaux. Mais voici que l'urgence de formuler un nouveau programme de jour en jour s'accentue; et M. Bebel est trop fatigué pour prendre nettement un parti, et à droite et à gauche de lui des groupes se détachent, peu nombreux encore, mais énergiques, résolus, arborant des drapeaux d'une couleur très voyante.

Ajoutez-y que, si les socialistes allemands ne négligent rien pour inquiéter le gouvernement impérial, l'Empereur, de son côté, a trouvé une ingénieuse façon de les inquiéter. Il fait sans cesse répéter aux ouvriers qu'il est prêt à accueillir leurs vœux, qu'il a infiniment plus de moyens que les socialistes de leur être utile, mais qu'il doit attendre d'abord qu'ils aient abandonné le socialisme, dont aussi bien ils n'ont guère à espérer de profit.

Et le fait est qu'ils n'ont guère de profit à en

espérer. Supposez même que les socialistes continuent à gagner des sièges dans les élections, — tandis qu'ils sont, au contraire, en train d'en perdre, depuis un an, — supposez qu'ils aient au Reichstag cent députés au lieu de trente-cinq. Est-ce que cette minorité pourra quelque chose contre un gouvernement comme celui de l'Allemagne, avec son ministère choisi par l'Empereur, et l'armée que l'on sait ?

Au fond de leur cœur, et quoi qu'ils en disent, je soupçonne les chefs du socialisme allemand de ne compter que sur la guerre. Mais la guerre, si elle avait lieu, ne manquerait pas de déjouer leurs combinaisons. Et en attendant ils ne sont bons qu'à inquiéter; et comme ils sont nombreux et bruyants, l'inquiétude qu'ils inspirent se répand au delà de chez eux.

Les socialistes français ? Si même ils arrivaient à se mettre d'accord, ils auraient contre eux la majorité de la nation. Car le socialisme, il ne faut pas l'oublier, est un idéal presque spécialement compréhensible pour les ouvriers, les prolétaires de la grande industrie. Et des siècles se passeront avant que, dans notre pays de petite propriété, les paysans ressentent le besoin et acquièrent le goût de l'organisation collectiviste.

En Angleterre, le socialisme a tout contre lui. Bien davantage encore que chez nous, il y est une armée de chefs sans soldats. Ce n'est pas M. Hyndman, ni M. et Mme Aveling, qui prévaudront contre la force séculaire de l'état présent de la société. Ils inquiéteront, voilà tout.

IV

Et l'inquiétude que causent au monde les socialistes n'est pas près de finir.

Il y a bien, dans chacun de ces divers pays, un groupe modéré qui peu à peu prend les devants et se grossit en route de la masse des ouvriers. C'est le groupe que représentent : en France M. Malon, en Allemagne M. de Vollmar, en Belgique MM. Bertrand et Volders, en Angleterre, depuis ces temps derniers, les *Trade's Unionistes*. Au lieu de réclamer d'un seul coup la remise des pouvoirs du et capital entre les mains de la collectivité, ces socialistes demandent que l'on procède graduellement, et indiquent les réformes par où l'on pourrait commencer. Mais outre que ces réformes sont

elles-mêmes d'une réalisation encore assez difficile, les socialistes modérés ne cachent pas
leur jeu. Ils ont soin de déclarer que ce n'est
là que des commencements, et qu'ils auront
d'autres choses à demander, quand on leur
aura concédé celles-là.

Contre le socialisme, notre société a deux
grands moyens de défense. Elle peut essayer
une transaction, accorder de plein gré une
partie des réformes réclamées; ou bien elle
peut tenter de réprimer, serait-ce à coups de
fusil, la propagande socialiste.

Mais ce sont en vérité deux moyens aussi
peu sûrs l'un que l'autre.

Car de vouloir réprimer le socialisme par la
violence, c'est risquer de le rendre plus fort,
ainsi qu'il est arrivé en Allemagne. Nos gou-
vernements ont bien encore des armes pour
empêcher une manifestation dans la rue;
mais pour empêcher un mouvement comme le
socialisme, il faudrait avoir, avec un merveilleux génie politique, des ressources comme

celles dont dispose l'empereur de Russie; et ces ressources-là, aucun autre gouvernement en Europe ne peut plus les trouver. L'affaire de Fourmies et le procès qui l'a suivie ont plus fait que tous les discours de MM. Guesde et Lafargue pour répandre le socialisme dans nos départements du Nord.

Et d'espérer que l'on pourra transiger avec le socialisme en offrant des demi-réformes, c'est ne pas connaître la définition même du socialisme, qui signifie le changement radical du régime présent; c'est aussi ne pas connaître l'essence de la nature humaine, en qui toujours surgissent de nouveaux désirs à mesure que se trouvent satisfaits davantage les désirs anciens.

V

Le socialisme est une maladie chronique de notre société. Si je savais écrire comme M. Taine, je comparerais les socialistes aux bacilles de la phthisie pulmonaire. Ces petits animaux doivent être persuadés, en effet, qu'ils ont pour eux, dans leur campagne, le droit et la justice. Ils espèrent bien arriver un jour à réaliser la société telle qu'ils la rêvent, après la conquête où ils s'acharnent. Peut-être tiennent-ils des congrès ; peut-être se divisent-ils en toute sorte d'écoles ; on sait combien les symptômes de la phthisie sont bizarres, capricieux, inexplicables aux physiologistes.

Mais quand les bacilles ont achevé leur œuvre, le poumon se trouve détruit et le malade meurt, et les bacilles, j'imagine, périssent avec lui. Quand les socialistes auront ruiné notre organisme social, l'effondrement qui s'ensuivra ne leur profitera pas plus qu'à nous.

Et de même que contre le socialisme, il n'y point de remède direct contre le bacille de la phthisie pulmonaire. On peut seulement essayer de mettre à l'abri de ses atteintes les parties encore intactes.

Il y aurait peut-être à tenter contre le socialisme une médication du même genre. Pendant des siècles la religion, avec l'affirmation de la nécessité de souffrir et la promesse d'une autre vie, a fait office de vaccin contre les désirs d'où naît le socialisme. Peut-être la vertu de ce vaccin n'est-elle pas aussi éventée qu'on le pense. Peut-être, à son défaut, pourrait-on du moins modifier ou restreindre les programmes de l'enseignement primaire. Rien ne prépare mieux le terrain pour la contagion du socialisme que d'acquérir des connaissances dont on ne trouve pas l'emploi.

... Mais en vérité comment oserais-je émettre

un avis sur une aussi grave question? C'est bien assez déjà qu'on m'ait permis de photographier quelques-uns des principaux microbes de la grande maladie sociale.

APPENDICE

Qu'il me soit permis d'ajouter à ce petit volume, en outre de quelques notes sur des points de détail, le compte rendu des deux grands congrès socialistes tenus en 1891 : le Congrès international de Bruxelles et le Congrès national allemand d'Erfurt. L'un et l'autre se trouvent avoir eu une importance capitale, précisément pour montrer que le socialisme contemporain est une façon de maladie, et ne peut avoir d'autre effet que de troubler de plus en plus profondément l'organisme social.

J'ai suivi les séances du Congrès de Bruxelles. Je n'ai rien négligé pour me bien renseigner sur la physionomie et les résultats du Congrès d'Erfurt. Et de l'un et de l'autre je me suis efforcé de dégager seulement les traits qui pouvaient servir à compléter le tableau de l'état présent du socialisme.

DEUX CONGRÈS SOCIALISTES

I

LE CONGRÈS INTERNATIONAL DE BRUXELLES

(16-22 août 1891)

I

Le Congrès socialiste international de Bruxelles a duré sept jours. Les trois quarts des délégués, ceux dont on n'a pas remarqué la présence parce qu'ils restaient assis à leurs bancs et ne parlaient pas, c'étaient des ouvriers qui étaient venus là de tous les coins du monde. Ils s'en sont retournés chacun chez soi et se sont remis au travail, sitôt le Congrès fini, et j'imagine que leur travail a dû leur paraître un repos après la terrible vie qu'ils ont menée à Bruxelles.

Les pauvres gens n'ont guère joui des agréments de la ville. Ils n'ont eu le loisir de voir ni le Vieux Musée, où il y a une *Assomption* de Rubens qui (phénomène singulier) devient plus belle tous les ans, ni l'exposition de photographie du Nouveau Musée, ni les vitraux de Sainte-Gudule, reproduisant des cartons de Bernard van Orley, ni les lugubres plaisanteries de feu Wiertz, ni la plantureuse jeune femme qui, à l'Alcazar, contrefaisait les gestes et les chansons de Mlle Yvette Guilbert.

Ils ont assisté tous les jours à deux séances, de dix heures à une heure et de deux heures à sept heures. Entre les deux séances ils ont eu à la Maison du Peuple des réunions particulières par nationalités. Avant la séance du matin, ils ont siégé dans des Commissions ; après la séance du soir, ils sont allés chacun à une assemblée internationale des ouvriers de sa partie.

Encore faut-il s'imaginer comment se sont passées les séances. Pas un mot ne s'y est dit qui n'ait été répété trois fois, en français, en anglais et en allemand. Il y a eu des discours qui ont duré une heure : il a fallu deux heures ensuite pour les traduire. Pendant les deux tiers de chaque séance, les délégués ont dû se résigner à ne pas comprendre un mot de ce qui se disait.

Et ils sont restés à leurs bancs, ces pauvres délégués. A peine s'ils parlaient entre eux, pour ne pas empêcher leurs confrères d'entendre les traductions des discours. Ils ont subi sans protester d'interminables débats ; l'idée ne leur est pas venue de se plaindre de l'inexpérience ni de la partialité du bureau.

Il y a bien eu, à la fin de toutes les séances, un *boucan* général assez réussi, mais on sait que dix hommes de bonne volonté suffisent pour produire un boucan général ; et puis de terminer les séances par un boucan, cela même ne fait-il point partie désormais des traditions de toute assemblée délibérante ?

Jamais une assemblée n'a fait preuve d'une telle discipline, d'une résignation si parfaite à la procédure parlementaire. Les ouvriers délégués aux Congrès socialistes ne sont pas des braillards indociles, tirant chacun de son côté ; ils ne sont pas même des personnes indépendantes et ayant des opinions propres ; ils sont des soldats mieux enrégimentés que les soldats des casernes. Et comme la plupart ont à leur tour, dans leur pays, des ouvriers qui les écoutent, on s'aperçoit que les ouvriers de tous les pays sont en train de former une immense armée, toute prête à exécuter ce que lui commanderont ses chefs.

II

Mais leurs chefs, à en juger par ce Congrès, ne leur commanderont rien du tout : car, lorsqu'on a constaté la discipline des délégués internationaux, on a fini d'énumérer les résultats positifs des quatorze séances tenues à Bruxelles.

Toutes les questions qui pouvaient avoir quelque

intérêt ont été écartées ou tranchées par des résolutions anodines. On n'a dit aux socialistes ni ce qu'ils devaient faire en cas de guerre, ni comment ils devaient se conduire à l'égard des ouvriers étrangers qui, persécutés dans leur pays, venaient s'installer chez eux, ni ce qu'ils devaient attendre du régime parlementaire, ni la manière dont ils devaient employer tous les ans la journée du 1er Mai, ni l'attitude qu'ils devaient prendre en face des propositions de grève générale. On ne leur a pas même indiqué le moyen de s'entendre de nation à nation.

Toutes ces questions étaient à l'ordre du jour : mais au moment où on allait en délibérer, le bureau a fait savoir qu'on les laisserait de côté, pour ne pas froisser ou compromettre les représentants de telle ou telle nation ; et l'on a passé des heures à combiner des conclusions qui ne pourraient froisser personne, personne en vérité, pas davantage les patrons que les ouvriers. On a été jusqu'à ne pas vouloir discuter la création d'un almanach socialiste international. Quelqu'un a proposé de déposer une couronne sur la tombe des victimes de Fourmies : cela encore a été repoussé, comme pouvant être une offense pour les victimes du 1er Mai dans les autres pays.

Il y a bien une chose qu'on a votée et que les organisateurs du Congrès représentent volontiers comme très importante. On a voté le principe de la lutte des classes. Mais le voter comme on l'a fait, sans lui donner de sanction pratique, n'était-ce pas déclarer simplement que les intérêts des ouvriers et ceux des patrons sont à l'inverse les uns des autres, et valait-il la peine de venir de si loin pour formuler une déclaration aussi vide d'effets ?

Des ouvriers qui sont prêts à recevoir des ordres, et des chefs qui refusent absolument de leur rien ordonner : voilà ce qu'on a pu voir dans ce Congrès si impatiemment attendu. Et ainsi beaucoup de spectateurs ont été amenés à croire que le Congrès n'était pas sérieux ; ils se sont consolés en étudiant la physionomie extérieure des séances, où, aussi bien, se trouvaient réunis quelques-uns des types les plus singuliers de notre temps.

III

C'était d'abord, au bureau, la fille de Marx, Mme Aveling : un visage tout rond et tout plat, quelque chose comme ces poupées que l'on voit coiffées de bonnets trop empesés aux devantures des blanchisseuses. Par instants, un lorgnon se dressait sur le petit nez, et l'on entendait une voix criarde qui prononçait des phrases anglaises, françaises ou allemandes, avec une égale facilité et une égale incorrection. Sous prétexte de traduire les discours, Mme Aveling avait essayé, les premiers jours, de diriger le Congrès :

elle avait dirigé de la même façon le Congrès marxiste de Paris en 1889 ; mais, cette fois, on ne l'a point laissée faire. On lui a adjoint comme traducteur un homme qui n'est pas de ses amis, un possibiliste rédacteur du *Times*, qui avait longtemps essayé d'empêcher le Congrès et qui était venu quand il avait vu ses efforts échouer.

Il y avait aussi le mari de Mme Aveling, une figure imberbe et fatiguée de vieux clown ; mais sauf un petit discours insignifiant, M. Aveling s'est contenté d'être le mari de sa femme. Il y avait aussi M. Bebel, qui s'effaçait, laissant à son collègue, le fabricant millionnaire Singer, le soin de battre la mesure, du haut de la tribune, pour le docile orchestre des délégués allemands. Il y avait aussi le vieux Liebknecht, important, verbeux, tout à l'ennui de n'être quasi plus rien dans son parti et de ne pas pouvoir s'en fâcher. Il y avait l'Autrichien Adler, un maigre petit juif à lunettes, malin comme un singe et enchanté des menus tours qu'il pouvait jouer à ses collègues allemands.

M. Guesde, qui se promenait tristement d'un banc à l'autre, comme s'il sentait sa présence inutile dans cette assemblée de modérantistes ; M. Vaillant, qui ne manquait pas une occasion de parler pour ne rien dire ; M. Malon, qui souriait dans son foulard ; et une demi-douzaine de conseillers municipaux possibilistes qui protestaient sans trop savoir contre quoi :

c'était la délégation française. La délégation allemande ne s'occupait que de suivre des yeux les gestes de M. Bebel et de M. Singer, pour savoir s'il fallait applaudir ou désapprouver. La délégation anglaise calculait montre en main la durée des discours, faisait voter de temps à autre que l'on ne parlerait pas plus de dix minutes, et se résignait de nouveau à des discours de trois quarts d'heure.

Il y avait aussi une vingtaine de dames, déléguées ou femmes de délégués : il y en avait une qui ne cessait pas de fumer, il y en avait une qui dormait ; il y en avait même une qui était assez jolie.

Mais le personnage qui s'imposait à l'attention de tous, dans ce Congrès, c'était le délégué hollandais Domela Nieuwenhuys, une grande figure de Christ à cheveux gris, avec tant de mélancolie dans ses yeux immobiles, que j'ai vu des enfants s'arrêter sur son passage, pénétrés de respect et de compassion. Aussi bien c'est lui seul qui a eu un rôle personnel tout le long du Congrès : seul il a représenté quelque chose de positif, parmi ces délégués obstinés à ne représenter rien du tout. Il a fait des propositions qui dénotent un état d'esprit vaguement anarchiste, anarchiste au sens de Tolstoï ou du Berlinois Bruno Wille ; mais au lieu d'opposer à ces projets précis d'autres projets précis, on a laissé M. Liebknecht le traiter de menteur. On lui a fait expier sa velléité de résistance aux autocrates du socialisme allemand.

I V

Ceux-ci ont tenu entre leurs mains le Congrès de Bruxelles : telle est du moins l'impression de tous les spectateurs désintéressés. Ce n'est pas seulement les marxistes qui ont triomphé des possibilistes ; ce sont les marxistes allemands qui, sur tous les points, ont eu le dernier mot et ont fait adopter leurs propositions. J'imagine que M. Guesde, si on l'avait écouté, aurait proposé des résolutions autrement énergiques que les résolutions ultra-modérées qui ont été votées.

Je sais bien que, à côté des séances publiques, il y a eu les séances secrètes des Commissions, où l'on a pu voter des projets plus effectifs: c'est encore un trait des socialistes allemands de garder, dans leur toute-puissance d'à présent, des façons cachottières de conspirateurs. Mais je crois que les séances des Commissions se sont passées surtout à étudier les moyens d'étouffer successivement toutes les questions inscrites à l'ordre du jour; et puis des résolutions trop secrètes équivalent en fin de compte à pas de résolutions du tout.

Oui, les socialistes allemands ont eu l'honneur de paraître tenir entre leurs mains les destinées du socialisme international. Mais c'est un honneur qu'ils vont sans doute payer plus cher qu'il ne vaut. Car le

Congrès, qui semblait n'avoir aucune signification, a eu au contraire une signification formelle : il a marqué la défaite du socialisme révolutionnaire au profit du mouvement ouvrier progressiste et réformateur.

Le socialisme dit aux ouvriers : « Vous avez le droit d'être les maîtres. » Mais il ne leur indique pas de moyens assez commodes pour faire valoir ce droit, et les ouvriers, en attendant, demandent à remplir plus agréablement leur office d'ouvriers. Le triomphe qu'ils ont obtenu, les marxistes allemands ne l'ont obtenu qu'en sacrifiant toutes leurs théories, en recommandant la résignation sur tous les points où la doctrine de Marx recommandait la résistance. Ce sont en réalité leurs adversaires, les corporatifs belges Volders et Bertrand, les possibilistes français et allemands, M. Malon et M. de Vollmar, qui ont fait admettre leurs théories aux délégués socialistes de toutes les nations. MM. Bebel et Singer ont eu l'honneur ; mais à d'autres est allé le véritable profit.

L'honneur même, MM. Bebel, Singer et consorts n'en jouiront pas longtemps. Pendant qu'ils triomphaient à Bruxelles, des jeunes gens qu'ils avaient empêchés de venir au Congrès continuaient à Berlin la campagne contre eux : ils demandaient aux ouvriers s'il valait la peine d'envoyer au Reichstag des députés qui n'y faisaient rien, qui ne consentaient ni à accepter des demi-mesures favorables aux prolétaires, ni à autoriser au dehors des mesures révolutionnaires. Ils opposaient à l'attitude présente des chefs socialistes leurs programmes anciens. Surtout ils affirmaient que d'avoir dans le Parlement trente-cinq députés socialistes, parmi lesquels figurait même le fameux M. Bebel, cela ne pouvait compenser pour les ouvriers la diminution de leurs salaires et l'avortement de leurs espérances. Et quand les délégués allemands sont rentrés à Berlin, les ouvriers n'ont pas manqué de leur demander si les résolutions négatives qu'ils avaient fait voter à Bruxelles étaient tout ce qu'ils pouvaient offrir à leurs électeurs, en échange des belles promesses qu'ils leur avaient faites depuis vingt ans.

Le Congrès de Bruxelles a sanctionné l'union de tous les ouvriers socialistes sur le terrain des réformes ouvrières. Il a attesté la défaite provisoire des théories socialistes radicales et l'impuissance définitive des vieux chefs socialistes. Et c'est ainsi que ce Congrès qui devait être quelque chose n'a rien été, mais a eu plus d'importance en n'étant rien que s'il avait été quelque chose.

II

LE CONGRÈS NATIONAL ALLEMAND D'ERFURT

(14-21 octobre 1891)

I

C'est assez devenu une habitude chez les socialistes
de prouver la rapidité de leurs progrès en comparant
le Premier Mai de cette année avec le Premier Mai de
l'année passée. « En 1891, disent-ils, le Premier Mai
a eu encore peu d'importance : mais combien déjà il
a été plus important qu'en 1890 ! Tous les ans le socialisme se trouvera avoir fait ainsi un énorme pas
en avant. »

Le même raisonnement serait parfait pour démontrer la rapidité des progrès que réalise en Allemagne
l'opposition des *jeunes*. En 1890, au Congrès de
Halle, les représentants de cette opposition ont été
battus d'emblée, sans que personne se soit avisé de
prendre au sérieux leurs réclamations. Ils ont été
encore battus à Erfurt, cette année ; mais déjà quelle
différence !

Un Congrès organisé par leurs adversaires, un Congrès où MM. Bebel, Liebknecht et Singer se sont occupés depuis six mois de ne faire nommer que des hommes à leur dévotion, un Congrès réuni pour régler une série de détails pratiques, a employé ses trois premières journées à discuter les griefs des *jeunes*. Les *jeunes*, naturellement, ont fini par être expulsés, et flétris, et bafoués, comme il fallait s'y attendre; mais pendant trois jours, on ne s'est occupé que d'eux ; et M. Bebel, qui naguère jurait de les anéantir à la moindre velléité de résistance, au lieu de les anéantir a été forcé de les laisser parler pendant trois journées entières, et de discuter pied à pied avec eux, et de se défendre par tous les moyens.

C'est donc que l'opposition des intransigeants existe réellement en Allemagne, et ne se borne pas, comme l'a prétendu naguère M. Liebknecht, à *une dizaine de jeunes anarchistes.* On n'imagine pas les 250 délégués du Congrès, la fidèle armée de M. Bebel, tenus en haleine pendant la moitié de la durée totale de la session par un parti qui compterait en tout une dizaine de membres. A en juger par la comparaison du Congrès de 1891 avec celui de 1890, l'opposition des jeunes promet de faire bien du chemin d'ici quelques années.

II

Elle en fera d'autant plus que le Congrès d'Erfurt aura été parfaitement impuissant à enrayer ses progrès. Je crois même que l'attitude de MM. Bebel et Liebknecht contribuera au contraire à la fortifier. Ces vieux chefs ont laissé voir une impatience et une exaspération qu'il aurait été plus prudent de cacher.

Ils ont sommé les jeunes socialistes d'apporter les preuves matérielles des crimes dont ils les accusaient. Et comme les jeunes socialistes se récriaient, on les a traités de calomniateurs. Mais en vérité ce n'est pas de crimes que MM. Bebel et Liebknecht ont été accusés. J'ai eu l'occasion d'entendre souvent parler M. Werner, M. Wildberger et tous ces jeunes gens. Jamais ils n'ont manqué de rendre hommage aux qualités privées des deux chefs du vieux parti : ils les ont accusés seulement de fautes politiques, ils leur ont reproché d'avoir oublié leur programme révolutionnaire d'autrefois, d'être devenus des modérés et des possibilistes, surtout de n'avoir pas su profiter de leur puissance pour le bien des ouvriers.

Voilà de quelles accusations MM. Bebel et Liebknecht auraient dû se défendre. Mais ils ne s'en sont pas défendus, ils ne le pouvaient pas : ils ont les faits trop clairement contre eux.

C'est trop certain que leur attitude au Reichstag n'a qu'un rapport très éloigné avec leur ancienne conception du parlementarisme. Qu'ils soient devenus des modérés et des possibilistes, cela encore est trop certain : le programme qu'ils ont proposé cette fois au Congrès d'Erfurt ne diffère pas sensiblement, pour le fond, du programme de nos députés radicaux socialistes. Et personne ne niera que, malgré leur nombre et le nombre des électeurs qu'ils représentent, les députés socialistes n'ont absolument rien obtenu au Reichstag. Les rares réformes sociales qu'on y a discutées ne sont pas venues d'eux et ont été votées quasi malgré eux.

Faute d'avoir rien de sérieux à répondre aux *jeunes*, MM. Bebel et Liebknecht leur ont reproché d'être des anarchistes. C'est un procédé que j'ai eu déjà l'occasion de signaler : il finira par perdre tout effet, si l'on continue à en abuser de la sorte. Non, aucun des *jeunes* dont il s'agit n'est anarchiste : ce sont tous, au contraire, de parfaits marxistes, qui, comme Marx, réclament une transformation radicale de la société et se refusent à admettre l'efficacité des demi-réformes parlementaires. Et c'est MM. Bebel et Liebknecht qui, en réalité, ont cessé de représenter la doctrine classique du parti.

Ces messieurs disposaient contre les jeunes socialistes d'une arme plus sûre que les meilleurs arguments. Ayant la majorité dans le Congrès, comme d'ailleurs dans le parti, ils pouvaient faire expulser du Congrès et du parti leurs gênants adversaires. Ils n'y ont pas manqué. Mais cette expulsion ne servira guère à les consolider, et peut-être aurait-il été plus sage d'y surseoir. L'Internationale, autrefois, avait aussi l'habitude d'exclure tout le monde, et c'est ainsi qu'elle est morte.

Exclus du parti officiel, M. Werner et ses compagnons n'en continueront pas moins à rester ce qu'ils sont. « Vous avez fait mille sacrifices pour M. Bebel, diront-ils aux ouvriers, et M. Bebel, en échange, n'a rien fait pour vous. » Ce raisonnement finira tôt ou tard par convaincre tout le monde, à moins que MM. Bebel et Liebknecht ne se décident à faire quelque chose.

Et c'est pour cela que la seconde partie du Congrès d'Erfurt a été consacrée à étudier les moyens de faire quelque chose pour les ouvriers : on y a discuté un nouveau programme du parti.

Mais sur ce point encore la chose n'a pas été sans encombre pour MM. Bebel et Liebknecht. Cette fois, ce n'est plus aux jeunes socialistes, c'est à M. de Vollmar qu'ils ont eu affaire, à l'homme du monde qu'ils redoutaient le plus et qui les redoutait le moins.

Le Congrès de Bruxelles m'avait paru affirmer l'impuissance du vieux parti socialiste allemand. Je crois que le Congrès d'Erfurt a marqué le commencement de sa décomposition.

III

Oui, le Congrès d'Erfurt a marqué la décomposition du vieux parti socialiste allemand. Depuis un an déjà il y avait dans ce parti trois courants distincts : aujourd'hui chacun de ces courants est devenu lui-même un parti, et la guerre ouverte a commencé entre ces trois partis, et n'est pas près de finir.

MM. Bebel et Liebknecht ont cessé d'être les autocrates du socialisme allemand. La chose s'est faite comme je la prévoyais, mais plus vite encore que je ne l'avais prévu.

On sait que le socialisme allemand se divisait, avant 1875, en deux partis volontiers ennemis. Il y avait d'un côté l'*Association Générale des travailleurs allemands*, fondée par Lassalle, de l'autre l'*Association démocratique des travailleurs*, dirigée alors, sous la protection de Karl Marx et de M. Engels, par MM. Bebel et Liebknecht. L'Association des travailleurs allemands avait à peu près le même programme qui vient d'être développé de nouveau par M. de Vollmar : elle voulait un acheminement graduel vers l'idéal socialiste; elle admettait la possibilité de réformes parlementaires, non point pour achever, mais pour préparer la révolution définitive ; elle réclamait enfin en faveur des ouvriers l'appui de l'État.

En face d'elle, l'Association dirigée par MM. Bebel et Leibknecht (on disait encore dans ce temps-là MM. Liebknecht et Bebel) avait un caractère nettement révolutionnaire : elle soutenait tout à fait les mêmes principes que soutiennent à présent, contre M. Bebel, ceux qu'on appelle les *jeunes socialistes*. C'est pour avoir repris la vieille doctrine de M. Bebel que MM. Werner et Wildberger ont été exclus, par M. Bebel lui-même, du parti socialiste. Comme ces jeunes gens, l'Association démocratique de 1875 n'admettait pas d'autre ligne de conduite que la guerre à outrance contre l'État, représentant du capital. Elle n'attendait le triomphe de l'idéal socialiste que d'une révolution violente. Dans le parlementarisme, elle voulait voir seulement un moyen d'agitation : ses chefs juraient de ne vouloir se faire élire aux Assemblées que pour y proclamer de plus haut leurs revendications intransigeantes.

Après 1875, le socialisme se trouva, en Allemagne, si maltraité par M. de Bismarck que ces deux partis jusque-là contraires sentirent la nécessité de s'unir pour la résistance en commun. A la persécution dont ils étaient devenus l'objet, les socialistes allemands répondirent par une sorte de conspiration ; MM. Bebel et Liebknecht, conspirateurs de naissance, étaient tout désignés pour être les seuls chefs du mouvement nouveau. Ils en furent en effet les seuls chefs. Les deux partis se fondirent en un grand parti de résistance ; on écarta toutes les questions de principes ; on laissa MM. Bebel et Liebknecht répéter sans cesse leur anathème au gouvernement ; on ne s'occupa que de se liguer, de gagner en secret des adhésions un peu partout, en un mot de s'organiser, comme avaient fait sous la Restauration les *carbonari*. L'obéissance passive devint pour tous un devoir ; MM. Bebel et Liebknecht commandaient en maîtres absolus à la masse des socialistes allemands.

Ils surent, à force d'énergie et de courage, mener à bien la conspiration. M. de Bismarck leur persécuteur fut congédié, et sur la ruine des lois d'exception qui si longtemps les avaient opprimés, leur parti put désormais danser et s'ébattre aussi librement que l'avaient fait les prisonniers de la Bastille sur les ruines de leur prison.

I V

Mais les danses les plus joyeuses ne peuvent pas durer sans fin. Quand le parti socialiste allemand eut assez fêté sa victoire, il se reprit à vouloir agir, et de nouveau lui apparut la nécessité d'un programme d'action. On avait abandonné les questions de principes pour conspirer en commun contre un pouvoir méchant. La conspiration avait réussi : il fallait maintenant changer de tactique et s'entendre avant tout sur une nouvelle ligne de conduite.

Et tout naturellement les deux doctrines de l'*Association Générale* et de l'*Association Démocratique* se retrouvèrent en présence. Les jeunes gens reprirent l'ancien programme de MM. Bebel et Liebknecht : ils eurent aussitôt pour eux les pays où ce programme, avant 1875, avait été le plus chaudement accueilli : Berlin, Magdebourg, Dresde, et en général tous les districts industriels de la Saxe. Dans le midi de l'Allemagne, au contraire, ce fut comme autrefois le possibilisme lassalien qui prédomina : il trouva pour le renouveler un homme d'un caractère et d'une intelligence admirables, M. de Vollmar, qui, populaire dans l'Empire tout entier autant que MM. Bebel et Liebknecht, avait sur ceux-ci l'avantage de n'être pas usé par vingt ans de conspirations.

Le Congrès d'Erfurt a mis en présence, comme autrefois le Congrès de Gotha, ces deux partis opposés. Entre ces deux partis, MM. Bebel et Liebknecht se sont trouvés pris, sans pouvoir se décider en faveur de l'un ni de l'autre. Les théories des *jeunes* étant la répétition exacte de leurs anciennes théories à eux-mêmes, ils n'ont pas osé les renier ouvertement ; mais comme depuis longtemps ils les avaient reniées en fait, il leur a été impossible aussi de rien répondre de sérieux à M. de Vollmar, qui affirmait ne soutenir que ce qu'ils soutenaient.

MM. Bebel et Liebknecht se sont montrés à Erfurt ce qu'ils sont vraiment : deux conspirateurs, mis en disponibilité par le succès de leur conspiration.

Contre les jeunes et contre M. de Vollmar ils ont fait valoir uniquement le souvenir de leurs mérites et le prestige de leurs noms. Lorsqu'il aurait fallu discuter des théories, ils s'en sont tenus à des personnalités. Ils ont reproché aux *jeunes* d'être des menteurs, des agents de la police, des anarchistes. Ils ont reproché à M. de Vollmar d'être un ambitieux. Et le plus vite qu'ils ont pu, ils ont demandé contre les uns et contre les autres la mort sans phrases, l'exclusion du parti socialiste.

V

Ils l'ont obtenue contre les *jeunes*. Mieux eût valu pour eux qu'il ne l'eussent pas obtenue. Les *jeunes*, qui l'année passée n'étaient encore que de timides opposants, sont maintenant un parti des plus considérables. Ils ont la majorité à Berlin, ils ont la majorité dans plusieurs villes du Nord ; les récentes élections saxonnes leur ont donné un sérieux appoint. Les voici qui, maintenant se sont mis en guerre ouverte contre M. Bebel. Ils ont commencé à s'organiser, ils auront l'année prochaine un congrès tout à eux; ils présenteront des candidats aux élections. Je ne doute pas qu'ils ne soient rejoints bientôt par quelques-uns des membres les plus populaires de l'ancien parti : notamment par ce vieil agité, M. Liebknecht, qui depuis deux ans les fréquente en secret, furieux de se voir réduit à un rôle tout décoratif par des collègues dont naguère il avait été le chef.

Depuis un an, M. Bebel et M. Liebknecht ne marchent d'accord que devant le monde : en réalité, ils se haïssent, et le Congrès d'Erfurt va achever leur séparation. En août dernier, pendant que M. Bebel recevait dans le Tyrol l'hospitalité chez son collègue. M. de Vollmar, contre lequel il a failli demander au Congrès d'Erfurt l'exclusion du parti, M. Liebknecht passait ses soirées en compagnie de M. Bruno Wille, le jeune anarchiste qui a ouvert le feu contre M. Bebel et que celui-ci déteste à lui seul autant que tout le reste de l'opposition réuni. Et maintenant, M. Liebknecht a déclaré au Congrès que si l'on approuvait le programme de M. de Vollmar, il se rangerait du côté de l'opposition : et l'assemblée, malgré cette menace, a refusé de désapprouver par un ordre du jour de blâme le programme de M. de Vollmar.

Car voilà le point essentiel de ce Congrès. M. Bebel a obtenu l'exclusion des *jeunes*, qu'il aurait mieux fait de ne pas demander. Mais l'exclusion de M. de Vollmar lui a été formellement refusée. Elle lui a été refusée par un Congrès composé d'hommes que lui-même avait fait élire, et dont il se croyait sûr maintenant comme naguère. En attendant que les *jeunes* aient raison de lui dans le Nord de l'Allemagne l'année prochaine, M. de Vollmar a eu raison de lui dans ce Congrès même, qu'il avait espéré de conduire à sa guise.

VI

Si M. Bebel avait été moins coutumier de la victoire, et s'il s'était mieux rendu compte de la situation présente des choses, ce conspirateur aveuglé par vingt ans de pouvoir absolu, il se serait attendu à la défaite qu'il vient de subir.

La mesure de rigueur qu'il réclamait contre M. de Vollmar était simplement monstrueuse. M. de Vollmar, ni dans ses deux discours de Munich, ni dans son premier discours d'Erfurt, n'avait dit un mot que lui-même, M. Bebel, n'ait dit au Reichstag et ailleurs. Loin d'abandonner aucun des principes essentiels du socialisme collectiviste, il s'était au contraire efforcé de mettre ces principes en relief, de les coordonner, d'en déduire leurs conséquences pratiques. La question de la guerre et du militarisme, question d'ailleurs tout à fait accessoire, avait été traitée par M. de Vollmar en des termes qui ne pouvaient offrir de prise à aucun reproche d'hétérodoxie. M. Bebel avait toute sa vie déclaré que la guerre contre la Russie était pour les socialistes allemands une croisade nécessaire. Il avait dit au Reichstag que puisque le chauvinisme français s'obstinait à considérer l'annexion de l'Alsace-Lorraine comme une mesure provisoire, les socialistes allemands avaient le devoir de ne plus s'occuper de ce sujet. Il avait affirmé une autre fois que, contre une agression de la part de la France, les socialistes allemands seraient unanimes à résister. Au Congrès de Bruxelles il avait refusé de laisser voter la proposition de M. Domela Nieuwenhuys, qui énonçait nettement la condamnation de toute guerre. Enfin c'est le secret de Polichinelle, dans le parti socialiste allemand, que M. Bebel ne compte que sur la guerre, qu'il a son plan d'une Commune tout prêt d'avance, et que son soi-disant internationalisme est une simple formule où il s'est toujours refusé d'ajouter aucune sanction effective.

Dans ces conditions, il était mal venu à accuser de chauvinisme M. de Vollmar, qui, d'une façon plus nette et plus catégorique que lui-même ne l'avait jamais fait, commençait son discours en déclarant que la France devait être l'amie naturelle de l'Allemagne, et que l'annexion de l'Alsace-Lorraine était un crime en même temps qu'une faute. M. de Vollmar ajoutait ensuite que l'alliance de la France avec la Russie rendait utile la triple alliance, utile, disait-il, comme un gendarme, pour sauvegarder la paix de l'Europe et permettre les réformes intérieures. Et voilà sur quoi M. Bebel s'était imaginé qu'il allait pouvoir se débarrasser d'un collègue qui avait pour lui tous les pays catholiques du midi de l'Allemagne, et qui de plus apportait un programme, et qui enfin s'offrait à prouver l'identité de tous ses principes avec ceux de ses collègues socialistes du Reichstag.

Mais où M. Bebel s'est montré d'une imprévoyance vraiment singulière, c'est lorsqu'il a négligé de compter avec l'effet que produirait au Congrès la défense personnelle de M. de Vollmar. Il connaissait pourtant celui-ci : il avait vu maints exemples de son pouvoir de domination : il savait à quel homme il avait affaire. Je regrette de ne pouvoir pas citer en entier, d'après le journal même de M. Liebknecht le *Vorwærts*, le compte rendu de cette mémorable séance du 19 octobre. Le matin, on s'était acharné sur M. de Vollmar : chacun des lieutenants de M. Bebel l'avait déclaré indigne d'appartenir au parti. M. Singer avait dit que son programme était plus dangereux que celui des *jeunes*. M. Liebknecht avait juré qu'il passerait du côté des *jeunes* plutôt que d'admettre ce programme trop modéré. M. de Vollmar avait écouté en souriant toutes ces violences. Il avait regardé jusqu'au fond des yeux chacun des orateurs : chacun s'était senti plus furieux sous ce tranquille regard méprisant. Ce n'est pas le socialiste dissident, c'est l'aristocrate qu'on se jurait d'humilier.

A trois heures, la séance fut reprise. S'appuyant sur ses deux cannes, et poussant à grand'peine l'une devant l'autre ses jambes déformées, M. de Vollmar monta à la tribune. Mais dès qu'il y fut, on ne vit plus ses jambes, ni ses béquilles. Sa haute taille seule apparut, et ce beau visage un peu dur, dont les traits fortement accusés m'ont fait jadis une impression si profonde.

M. de Vollmar ne prit pas même la peine de se défendre. Il demanda aux socialistes allemands s'ils pouvaient lui expliquer l'hostilité qu'on faisait voir contre
lui. Il répéta que son programme avait pour but la
réalisation de l'idéal socialiste, et qu'à ce programme
ni M. Bebel ni personne ne l'amèneraient à rien changer. Il affirma ensuite qu'il était temps pour le parti
d'être un peu sérieux, de s'entendre sur une ligne de
conduite, et de ne plus perdre son temps à exclure,
l'un après l'autre, tous ses membres : faute de quoi
le succès de l'idée serait compromis, et aussi les chances de réélection des députés socialistes.

Peu à peu le silence était devenu solennel ; et peu à
peu le silence fit place à des murmures d'approba-
tion. Le *Vorwærts*, qui se borne à résumer les discours
avec le plus de partialité possible, est lui-même con-
traint de noter, à mesure qu'il avance dans le résumé
du discours de M. de Vollmar, un nombre croissant de
sehr richtig! (très juste), autant dire d'approbations.

C'est alors que M. de Vollmar, après avoir parlé
aux socialistes de leurs intérêts, de l'intérêt du parti,
et non pas de lui-même, c'est alors qu'il leur dit qu'il
quitterait le parti si l'on désapprouvait son programme. Mais il affirma que ses compagnons de tant
de vaillantes luttes ne le désapprouveraient pas : qu'ils
ne le traiteraient pas, comme ils avaient traité naguère des anarchistes et des traîtres, simplement parce
qu'il avait essayé de mettre un peu de logique dans
les doctrines qui leur étaient communes.

Et aussitôt, de tous les coins de la salle on cria : « Non non, nous ne vous traiterons jamais de cette façon-là ! »

M. Bebel était stupéfait. Il vit enfin que la partie risquait d'être perdue ; et les premières phrases de son discours ne furent qu'une série d'invectives. Il reprocha à M. de Vollmar de se conduire envers lui en ennemi, d'être jaloux de lui, de manquer de franchise. Il réclama l'appel nominal pour que l'on puisse voir au moins combien de membres dans le Congrès osaient prendre parti contre lui. Mais à mesure qu'il parlait, il constatait davantage l'inutilité de son effort. Et, la pudeur lui revenant, il se fit doux et pacifique. Il en appela à la vieille amitié de M. de Vollmar : il déclara qu'il n'avait jamais eu l'idée de le faire exclure du parti ; il demanda au délégué Œrtel, qui avait déposé un ordre du jour de blâme contre le député bavarois, de le retirer. Et M. Œrtel retira son ordre du jour de blâme ; et le Congrès vota l'ordre du jour pur et simple, c'est-à-dire qu'il refusa de condamner d'une façon quelconque les doctrines et la conduite de M. de Vollmar.

Ainsi, M. Bebel fut battu par des délégués qu'il croyait tout à sa dévotion. Pour la première fois, son parti osa lui résister. Il en avait déjà tant obtenu de ces exclusions, depuis vingt ans ! On lui avait tout accordé, on avait sacrifié tous ceux qu'il avait désignés. Mais maintenant c'était fini : on entendait mettre les intérêts du parti avant les rancunes de M. Bebel.

VII

L'incident Vollmar ainsi réglé, il ne fallait plus songer à s'occuper de ce qui avait dû d'abord être le but du Congrès, la rédaction d'un nouveau programme. On avait employé cinq jours à excommunier les *jeunes* et à vouloir excommunier M. de Vollmar : il était trop tard pour commencer une discussion sérieuse, et beaucoup de délégués avaient quitté Erfurt.

Mais la vraie raison qui rendait impossible l'élaboration d'un nouveau programme, c'est que, après l'affaire des *jeunes* et l'affaire Vollmar, les délégués avaient le sentiment qu'ils seraient très embarrassés de se mettre d'accord sur un programme, puisqu'ils leur faudrait pour cela choisir un des deux seuls programmes possibles, celui des *jeunes* ou celui de M. de Vollmar.

Aussi les dernières séances du Congrès ont-elles été insignifiantes. On a voté sans discussion un programme quelconque, le plus abstrait, le plus théorique et, au demeurant, le plus anodin de ceux qui étaient proposés. Et on s'est séparé, ajournant au prochain congrès cette discussion qui, cette année, s'était trouvée impossible.

Le parti des *jeunes* s'est décidément constitué en

parti indépendant ; le parti de M. de Vollmar, au contraire, n'a pas encore fait sa scission définitive. Mais il ne peut tarder à la faire. Son programme est trop précis pour ne pas l'obliger bientôt à s'isoler de l'ensemble du vieux parti. Dès la rentrée du Reichstag, les députés socialistes auront à montrer s'ils ententent ne rien faire, ou bien essayer vraiment d'obtenir des lois en faveur des ouvriers. S'ils ne font rien, M. de Vollmar agira sans eux; s'ils font quelque chose, ils passeront ainsi du parti de M. Bebel au parti de M. de Vollmar, et M. Bebel lui-même, s'il les imite, devra s'avouer converti, c'est-à-dire vaincu, par le collègue qu'il a voulu excommunier au Congrès d'Erfurt.

Quoi qu'il arrive, ce Congrès n'en aura pas moins eu pour conséquence de rendre quasi-officielle la décomposition du parti socialiste allemand, naguère si homogène, en trois partis distincts, et fatalement condamnés à lutter l'un contre l'autre.

VIII

Lequel de ces trois partis a le plus de chances de réussir ? C'est en vérité une question à laquelle personne aujourd'hui ne saurait répondre. Les *jeunes* auront pour eux de réclamer un bouleversement radical de la société; M. de Vollmar aura pour lui de promettre aux ouvriers diverses réformes immédiates ; M. Bebel aura pour lui d'être M. Bebel et d'avoir tenu vingt ans tous les socialistes allemands sous sa domination.

M. Bebel aura encore d'autres choses pour lui.

Il aura l'appui de la haute banque, et en général des israélites allemands, qui, par l'intermédiaire de M. Singer, ont souvent déjà, si j'en crois ce que chacun m'a dit en Allemagne, encouragé de la façon qui convenait la résistance du parti socialiste au pouvoir impérial. L'opposition du parti socialiste est en effet pour les israélites berlinois une sorte de garantie contre les velléités antisémitiques du jeune Empereur. Ce sont les socialistes qui, au nom de leur internationalisme dont c'est là en vérité la seule manifestation effective, se chargent de protester contre la persécution des israélites en Russie, et en général contre toutes les tentatives de l'antisémitisme. Et M. Singer, ancien membre du parti libre-penseur converti au socialisme, est aujourd'hui trop engagé dans le camp de M. Bebel pour pouvoir l'abandonner. En outre de M. Singer, M. Bebel a encore fait nommer au Reichstag deux israélites, dont la fortune politique se trouve également liée à la sienne. C'est un israélite qui va remplacer M. Liebknecht dans la direction du *Vorwœrts*. Et l'on sait que les israélites allemands, au lieu de s'être fondus dans le reste de la nation comme leurs coreligionnaires français, affectent volontiers de se tenir isolés de la population allemande : l'attitude de MM. Bebel et Liebknecht dans la question juive assure à ces messieurs la sympathie plus ou moins avouée de toute la presse et de toute la finance israélites de l'Empire.

Et M. Bebel se trouve, en même temps, avoir pour lui les amis et les partisans de M. de Bismarck, naguère son implacable ennemi. C'est qu'il entre dans les principes de la nouvelle tactique bismarckienne d'amener le public par tous les moyens à considérer le congé de M. de Bismarck comme un affreux malheur : et ainsi l'on ne manque jamais, dans la presse dévouée à l'ex-chancelier, de représenter sous le jour le plus alarmant les soi-disant progrès réalisés par le socialisme depuis que l'Empereur a levé les lois d'exception. J'imagine que, dans le singulier état d'esprit dont il a depuis deux ans donné tant de preuves, M. de Bismarck souhaiterait volontiers au socialisme les succès les plus marqués : il y verrait une occasion de faire désirer son rappel. Et c'est ainsi que tous les journaux qui lui sont dévoués s'obstinent depuis un an à nier que le parti socialiste soit menacé de scission, et à exagérer hors de toute mesure l'importance des succès, d'ailleurs très rares, des socialistes aux diverses élections.

Ces succès sont en effet assez rares depuis le retrait de la loi d'exception. Il y a bien eu, en août et en octobre 1891, des élections où les socialistes ont gagné des sièges : mais chacun sait en Allemagne que ces petites victoires sont dues à l'irritation provisoire causée par le renchérissement des céréales, qu'elles ont lieu dans des circonscriptions acquises déjà dès longtemps aux opinions radicales, et que, dans l'ensemble, la situation électorale du parti tend plutôt à empirer.

Je ne crois pas cependant que les scissions intérieures aient pour effet de nuire aux succès électoraux des socialistes, et que le nombre des socialistes en Allemagne diminue en même temps que s'augmentera le nombre des socialismes. Il y aura autant et plus de socialistes que par le passé : seulement il y en aura de trois sortes, et qui s'entendront bien entre eux pour inquiéter la société, mais cesseront de s'entendre, et ne songeront plus qu'à se détruire les uns les autres, dès qu'il s'agira de tenter eux-mêmes quelque chose pour le triomphe de l'idéal commun.

Puissants pour empêcher le reste du monde de vivre en repos, les socialistes allemands ont une fois de plus prouvé, au Congrès d'Erfurt, qu'ils étaient impuissants pour toute autre chose. Si je ne les avais déjà trop longuement comparés à des microbes, je voudrais les comparer à des guêpes, à de fâcheuses guêpes qui bourdonnent et qui piquent, mais qui jamais n'arriveront à produire du miel.

Épilogue. — Le Congrès d'Erfurt a coûté *trente mille marks* à la caisse du parti ; caisse formée des offrandes des ouvriers qui, toutes les semaines, prélèvent quelques pfennigs sur leur misérable paie dans l'espoir de hâter le triomphe de la révolution.

NOTE I

Pouvant se rapporter à l'Avant-Propos.

Dans un ouvrage dont le titre promettait un tableau général du mouvement socialiste en Europe, on pourra s'étonner de ne voir mentionnés que quatre pays, la France, l'Allemagne, la Belgique et l'Angleterre. Je sens bien qu'il aurait fallu joindre à la série de ces études une étude spéciale sur l'état du socialisme dans le reste de l'Europe : mais le résultat d'une telle étude n'aurait pas compensé, je crois, l'effort que j'aurais dû y mettre. Il y a en vérité un mouvement socialiste en Autriche, en Hollande, en Roumanie, en Suisse, en Espagne et en Italie ; mais dans aucun de ces pays ce mouvement ne s'est encore assez développé pour avoir même l'importance qu'il a chez nous.

En Autriche, le Dr Adler est un habile homme, très ambitieux, et résolu à ne rien négliger pour devenir considérable : mais il a contre lui d'être juif, dans un pays où les passions antisémitiques sont d'une violence extrême. En Hollande, l'homme de tout le socialisme contemporain qui a certainement la plus belle figure, et celui sans doute qui a l'âme le plus noble, M. Domela Nieuwenhuys, ne dispose cependant que d'une autorité tout à fait restreinte. J'imagine qu'il a des sentiments trop hauts pour être un bon chef de parti. Et puis la Hollande n'est pas un pays où le socialisme puisse faire de rapides progrès : l'individualisme y est aussi fort qu'en Angleterre. M. Domela était seul a représenter le socialisme dans le Parlement de son pays : il n'a pas même été réélu aux élections de 1891.

En Roumanie les socialistes s'agitent beaucoup ; je crois qu'ils font plus de bruit qu'ils ne sont nombreux. En Suisse, le personnage le plus notable du parti socialiste est un riche catholique, M. Decurtins, et je profite de cette occasion pour dire que j'ai évité à dessein de parler ici tant des *socialistes chrétiens* que des *socialistes d'État*, des *socialistes de la chaire*, et des *socialistes anarchistes*, tous ces socialistes formant, en dehors du grand mouvement collectiviste international, de petites écoles indépendantes qu'il convient d'étudier à part.

Et c'est par le même motif que je n'ai parlé non plus de l'Espagne ni de l'Italie, où l'anarchisme de Bakounine est encore aujourd'hui la forme la plus répandue du socialisme.

C'est seulement dans ces quatre pays, la France, l'Allemagne, la Belgique et l'Angleterre, que le socialisme existe en fait comme un élément politique important : c'est seulement dans ces quatre pays qu'il est assez fort pour causer à la société une inquiétude sérieuse.

NOTE II

Pouvant se rapporter au chapitre sur M. Malon.

Je crains d'avoir été injuste pour la littérature de M. Malon. Le second volume du *Socialisme intégral*, qui vient de paraître, et qui est tout entier consacré au détail des réformes possibles dans la société de notre temps : c'est un livre aussi clair, aussi précis, aussi bien composé que le premier volume, le volume des considérations générales, était embrouillé, confus et désordonné. Ce second volume est même le meilleur manuel que je connaisse du socialisme pratique tel que le conçoivent, à la suite de M. Malon, quelques-uns des plus judicieux esprits de notre temps. Voilà enfin un livre où l'on peut apercevoir, sans trop d'effort, le ferme et noble bon sens de M. Malon.

NOTE III

Sur M. Lafargue.

La condamnation de M. Lafargue a été plus précieuse encore pour lui que je l'avais présumé. Elle est en train de le conduire à la Chambre des Députés, où le gendre de Marx va sans doute enfin montrer au monde de quelle façon un socialiste doit pratiquer le parlementarisme.

NOTE IV

Pouvant se rapporter au chapitre sur M. de Vollmar.

L'étude consacrée dans ce volume à M. de Vollmar avait d'abord, comme la plupart de ces études, été publiée dans *le Figaro*. Le lendemain de sa publication, un correspondant anonyme eut l'obligeance de m'informer que M. de Vollmar n'était point un gentilhomme bavarois, mais le fils naturel d'une actrice, Mlle de Viereck. Je suis désolé d'avoir à dire à mon correspondant que c'est lui qui s'est trompé. Il y a eu en effet dans le mouvement socialiste allemand un fils naturel de Mlle de Viereck, qui était aussi, suivant le bruit public, le fils naturel de l'Empereur Guillaume Ier. Mais M. de Vollmar n'a rien de commun avec ce personnage, qui n'a jamais eu l'idée de troquer le nom de sa mère contre un nom renouvelé de la *Nouvelle Héloïse*. C'est sous le nom de Viereck que M. Viereck a été jadis, avec MM. Bebel et Liebknecht, un des chefs les plus dévoués du parti socialiste, jusqu'au jour où, sans aucun motif sérieux, et simplement sur un ordre de MM. Bebel et Liebknecht, il a été exclu du parti. Il demeure aujourd'hui à Munich, où on me l'a montré. Vieilli et fatigué, il n'offre plus trace de son ancienne ressemblance avec l'Empereur Guillaume II. C'est un pauvre homme qui paraît n'avoir rien compris encore à la mesure dont ses anciens amis l'ont frappé. Si M. de Vollmar avait prononcé son fameux discours il y a cinq ans, il n'aurait pas manqué d'être traité de la même façon ; mais aujourd'hui M. Bebel n'est plus le maître d'exclure qui bon lui semble ; à peine s'il a pu, au dernier Congrès d'Erfurt, obtenir que l'exclusion de M. Viereck ne fût pas levée.

On sait d'ailleurs que les victimes de l'arbitraire tyrannie de MM. Bebel et Liebknecht se comptent par dizaines : tous les ans, plusieurs membres ont été, sur l'ordre de ces autocrates, exclus du parti. Leur exclusion marquait alors le terme de leur carrière politique : aucun socialiste ne consentait désormais à frayer avec eux : ils étaient traités, leur vie durant, comme des forçats libérés. Aujourd'hui la série des victimes de MM. Bebel et Liebknecht paraît close : et leurs dernières victimes, notamment les *jeunes*, n'ont plus à craindre de se trouver isolés, sans personne pour leur serrer la main. Leur exclusion officielle ne fait que les rendre plus forts.

TABLE DES MATIÈRES

CHAPITRE II

LES JEUNES SOCIALISTES

CHAPITRE III

LES ANCIENS

CHAPITRE IV

TROISIÈME PARTIE

Les Socialistes belges.

CHAPITRE PREMIER

CHAPITRE II

LES BRUXELLOIS

QUATRIÈME PARTIE

Les Socialistes anglais.

CHAPITRE PREMIER

CHAPITRE II

CONCLUSION

APPENDICE